中华人生智慧经典

冰鉴 挺经

【清】曾国藩 撰

李飞跃 蒲宏凌 评注

中华书局

图书在版编目（CIP）数据

冰鉴 挺经/（清）曾国藩撰；李飞跃，蒲宏凌评注. —北京：中华书局，2014.8（2025.1 重印）
（中华人生智慧经典）
ISBN 978-7-101-10184-3

Ⅰ.冰… Ⅱ.①曾…②李…③蒲… Ⅲ.①人才学-中国-清代②《冰鉴》-注释③曾国藩（1811～1872）-谋略④《挺经》-注释 Ⅳ.①C96②K827＝52

中国版本图书馆 CIP 数据核字（2014）第 105389 号

书　　名	冰鉴 挺经
撰　　者	〔清〕曾国藩
评 注 者	李飞跃　蒲宏凌
丛 书 名	中华人生智慧经典
责任编辑	张彩梅
装帧设计	毛　淳
责任印制	管　斌
出版发行	中华书局
	（北京市丰台区太平桥西里 38 号　100073）
	http://www.zhbc.com.cn
	E-mail:zhbc@zhbc.com.cn
印　　刷	北京盛通印刷股份有限公司
版　　次	2014 年 8 月第 1 版
	2025 年 1 月第 13 次印刷
规　　格	开本/710×900 毫米　1/16
	印张 16½　插页 2　字数 180 千字
印　　数	94001-99000 册
国际书号	ISBN 978-7-101-10184-3
定　　价	34.00 元

目　录

冰鉴 挺经

冰 鉴

前　言

一

　　曾国藩(1811—1872)，字伯涵，号涤生，谥文正，湖南湘乡（今湖南双峰县）人。清代著名的军事家、理学家、政治家、文学家。他历道光、咸丰、同治三朝，十年升七级，三十七岁官至二品，三十四年恩宠不衰；他修身治心，重礼慎法，出将入相，功勋卓著；他孝悌友恭，诚以待人，严以治家，所撰《家书》流播至今。尤为难能可贵的是，他善于发现和培养人才，因材施教，知人善任，据《清史稿》记载，曾国藩"为人威重，美须髯，目三角有棱。每对客，注视移时不语，见者竦然，退则记其优劣，无或爽者。……尤知人，善任使，所成就荐拔者，不可胜数"。因此全国各路精英"一时思自效者，无不投趋辕门"，"幕府宾僚尤极一时之盛"。对此，容闳《西学东渐记》称"各处军官寄于曾文正之大名者不下两百人"，其中仅幕府"有一百多人"，幕府外"更有候补之官员"，此外"怀才之志士，法律、算学、天文、机器等专家无不聚集"。据统计，曾国藩推荐保举的下属就有千人之多，成才扬名者四百六十多人，三品以上官员七十多人，总督巡抚四十余人，"疆臣阃帅，几遍海内"。其中，李鸿章、左宗棠、彭玉麟、郭嵩焘、丁日昌、沈葆桢、罗泽南、李翰章、李元度、赵烈文、刘蓉等在曾国藩的提携下，都成长为一代名臣良将。

　　这些人不但助他实现了"齐家、治国、平天下"和"立德、立功、立言"的理想抱负,也对晚清政治乃至近代中国的社会、经济、军事、文化、外交等产生了深远影响,得到了同时代和后人的高度评价。李鸿章对曾国藩"师事近三十年",称其"内安外攘,旷世难逢天下才"。蒋介石说:"曾公乃国人精神典范。"毛泽东也说:"予于近人,独服曾文正。"梁启超曾在《〈曾文正公嘉言钞〉序》中总结说:"曾文正者,岂惟近代,盖有史以来不一二睹之大人也已。岂惟我国,抑全世界不一二睹之大人也已。"

近代以来,由于战争频仍,社会动荡不安,很多人过着朝不保夕的生活,因此渴望知命转运。与此同时,许多落魄文人为求温饱,也摇身一变成为江湖相士,"相书、命书,坊间汗牛充栋"。这些相命之书的特点是穿凿异迹,附会名人。如许负、袁天罡、李淳风、陈抟等人,不一定著有相书,而后人每每根据其事迹或异闻汇辑,成书嫁名,以增加可信度与影响力,附骥尾而行世。书商更是乐得如此,以求广售。曾国藩一生阅人经验丰富,享有"知人之鉴,并世无伦"的盛誉,自然也成了附会目标。《冰鉴》虽然有部分内容来自曾国藩的言论或受其影响,但无论从版本、内容、风格,还是相关文献记录上来看,与曾国藩关系都不大,至少可以断定非曾国藩本人所著。后人不辨所以,一直以来都将其作为曾国藩的作品,甚至是代表作之一。更有甚者,说曾国藩的十三门学问,仅传其二,《冰鉴》是其中之一。本书应为当时"书房派"的相士所为,但作者已无考。为了尊重传统习惯,兼以尚无铁证否认是曾所作,也无法找出真正的作者,加以书中一定程度上能体现曾国藩的人才思想,故虽然存疑,仍沿用旧说,题名为曾国藩著。

冰鉴,取其以冰为镜,能察毫末之义。新中国成立之后,大陆一度罕传此书。20世纪90年代初,陈赞民先生以台湾藏本为底本注评,由中州古籍出版社出版发行《冰鉴注评》，始得广为流传。本书以《冰鉴注评》为底本，参照各种流行版本作了校订，分章并添加了小标题。为了不影响阅读，不出校记。

二

命相术在我国源远流长，影响的范围极为深广。上至王公贵族，下逮平民百姓，在日常生活中都常和相士打交道，这种需求也促进了众多命相书的出现。相对于一般命相之书，《冰鉴》有以下几个方面的特色。

一是强调部分特征，但更注重整体搭配。全书虽然分别从神骨、容貌、声音、气色等方面分章论述，但每章都强调形体的局部与整体的搭配、协调，讲究"相顾相称"、"如背如凑"，认为整体功能大于个别功能。

二是强调静态把握，更注重动态观察。从静态中把握人的本质，从动态中观察人的归宿。尤其结合一个人的言语、动作以及情态等来进行判断，一定程度上矫正了以往相书中的静止机械之流弊。

三是强调仪表形状，但更注重内心修养。俗话说："相由心生，心由相生。"与"江湖派"重形轻神不同，《冰鉴》十分注意心相的省察，甚至认为心相比表相、形相更重要。

四是强调先天格局，但更注重后天努力。曾国藩曾说过"天下无现成之人才，亦无生知之卓识，大抵皆由勉强磨炼而出耳"，"人才有转移之道，有培养之方，有考察之法"，明确提出人才是由培养和陶冶而成的主张，这种思想在其书中也有较好体现。

五是强调绝对性与普遍性，但更注重灵活性与辩证性。书中强调综合一个人的相貌、言语、行动特征来考察其思维和做事的方法,从而判断他才能的大小,以此确定他适合做什么,结果如何等。虽然宣扬传统的升官发财的富贵荣显之说,但也不排斥一技之长者。"凡刑名、钱谷、盐法、河工及中外通商诸大端或以专家成名,下逮一艺一能,各效所长者",都是人才,并对相与才的对应关系作了新的阐述。

三

相对于其他相书,《冰鉴》具有以下几个方面的成就与价值。

一是实践经验的总结,具有可操作性。曾国藩观人鉴人,目的是为了选贤任能,因此矫正了"江湖派"重形轻神、重奇轻常、重术轻理的倾向。他一生博览群书,阅人无数,许多相人经验在家书和文集中都有体现,这方面曾被人收集整理,在本书中也有体现。《冰鉴》成书于社会动荡时期,人才辈出,鱼龙混杂,也促进了人们对什么是真正人才的思考,这也影响和丰富了本书的写作。

二是借鉴和汲取西学的合理成分,具有一定的科学性。近代相学在理论、实践和观念上都有了发展,一些相书将相学与哲学、心理学、生理学、解剖学等学科的知识和方法结合起来,试图将其上升到科学与学术层面,这在本书中也有所反映。因此,有人还将相术运用到司法、行政、教育、商业之中,开发了相学新功能与新价值。

三是撷取和集中了古今相书的精华,简明扼要。全书以有限篇幅,囊括中国古代道家、阴阳家和医家之精华,以及古代相术之精华,体系完整,思清意深。书中各个章节既相互独立,又成其系统,是众多相书中影响最为广泛的一种。

四是文辞洗练,言约意丰,具有一定的文学价值。书中多次将文人作为论述对象,行文不疾不徐,句式骈散错落,寓意含而不露,文风清丽雅致。诸多警句朗朗上口,铿锵可诵,流传颇广。

和众多相书一样,《冰鉴》也带有一定的忠君孝亲、富贵荣显、男尊女卑等观念印记。书中的一些鉴人之法,以形状定人一生富贵,流于静止片面的机械主义,且宣扬命运天授思想,看不到个人努力的作用。这些问题的存在,一方面是时代和观念认识的局限,另一方面也是相书这种文类写作和表达的需要,为了吸引读者,不免夸饰其辞。人的富贵荣华,受家庭环境、历史条件、个人奋斗等多种因素影响,仅凭相貌来判一生运势,过于简单片面,也违反了科学常识和历史规律,这方面需要我们批判地看待和辨别。

本书写作过程中,得到了张彩梅老师和王水涣兄的悉心指教,谨此致谢!

李飞跃

2014 年 5 月于中国艺术研究院

卷一　神骨鉴

总　论

语云①:"脱谷为糠②,其髓斯存③。"神之谓也。"山骞不崩④,唯石为镇。"骨之谓也。一身精神⑤,具乎两目⑥;一身骨相⑦,具乎面部。他家兼论形骸⑧,文人先观神骨。开门见山⑨,此为第一⑩。

【注释】

① 语:指谚语、俗语。

② 脱谷为糠:脱,碾去或舂掉。谷,指谷子、稻谷等。

③ 其髓斯存:髓,骨髓,此处指米,比喻精华的东西。斯,助词,无义。

④ 山骞(qiān)不崩:骞,损,亏,指泥土脱落流失。崩,崩裂,倒塌。《诗经·小雅·天保》:"如南山之寿,不骞不崩。"

⑤ 精神:人的内在精神状态,包括个性、气质、学识、修养、经验等,一般通过人的音容笑貌和言行举止,尤其是眼睛表现出来。

⑥ 具乎两目:眼睛是心灵的窗户,一个人的精神状态可通过两只眼睛体现出来。具,体现,流露。乎,于,在。

⑦ 骨相:相法指头骨的形状。头骨有九种,一般指颧骨、驿马骨、将军骨、日角骨、月角骨、龙宫骨、伏犀骨、巨鳌骨和龙角骨等。

本文主要指天庭骨、枕骨、顶骨、佐串骨、太阳骨、眉骨、鼻骨、颧骨和项骨等九骨。

⑧ 他家：与"文人"相对，指工、商、农、兵等各类人员。

⑨ 开门见山："神"和"骨"仿佛两扇大门，而命运好像门外显而易见的大山，观察神骨就可以打开命运之门，测知人的命运。

⑩ 此为第一："神骨"是观人的第一要诀。此，指"神"和"骨"。

【译文】

俗话说："糠作为稻谷的外壳，去掉后并无多大用处；大米作为稻谷的精华，不会因外壳磨掉而损失。"如果说大米是稻谷的精华，那么，精神就是一个人的精华。俗话又说："崇山峻岭虽然经常有泥石流和石块脱落发生，但却巍然屹立，不会崩塌，是因为它有坚硬的岩石支撑。"骨骼之于人的身体，就像岩石之于大山。精神状态好坏，主要通过两只眼睛来反映；骨骼是否强健，集中体现在面貌上。对于农、工、商、兵等阶层的人来说，既要考察他们的内在精神，又要兼顾他们的相貌体态，但对读书人而言，主要看他们的精神是否健旺，骨骼是否丰俊。精神与骨相令人一见而印象深刻，正是阅人相命首先要关注的地方。

【点评】

"神"为"形"之表，"形"为"神"之依，"神"是蕴涵在"形"之中的。"形"是"神"存在的基础，与"神"的外在表现紧密相关。"目"是"神"的集中表现。在中医看来，眼睛与肝、肾相通相连。如果一个人双目炯炯有神、精光外露，表明肾气旺盛，身体健康，终非池中物；反之，目光黯淡无神，或眼神游移不定，说明精神状态不佳，缺乏活力，不能集中精神工作，难成大器。人的喜、怒、哀、乐、爱、恶、欲、痛等各种感受和欲望,甚至人的智愚忠奸、贤不肖,都会从眼睛中表现出来。

据《麻衣相法》记载,形不足者"头顶尖薄,肩膊狭斜,腰肋疏细……多病而短命,福薄而贫贱矣";神不足者"不醉似醉,常如病酒;不愁似愁,常如忧戚……多遭牢狱枉厄,官亦主失位"。骨骼对身体起着框架和支撑作用,骨相优劣决定着人的体貌美丑。头为群阳会集之府,五行正宗之乡,头骨为整体骨骼的代表,面骨又是头骨的代表,因而面骨之优劣能鉴头骨之优劣,进而可鉴全身骨骼之优劣。精神和骨骼就像两扇窗户,透过它们可以看到一个人的内在素质,也能预示将来的成就。骨骼丰俊,一表人才,自然易为上选,能担大任。如果骨相不昂扬挺拔,而是畏畏缩缩,一般难成大器。

神之清浊

文人论神,有清浊之辨①。清浊易辨,邪正难辨②。欲辨邪正,先观动静③。静若含珠④,动若木发⑤;静若无人⑥,动若赴的⑦,此为澄清到底⑧。静若萤光⑨,动若流水⑩,尖巧而喜淫⑪;静若半睡⑫,动若鹿骇⑬,别才而深思⑭。一为败器⑮,一为隐流⑯,均之托迹于清⑰,不可不辨。

【注释】

① 有清浊之辨:清,指目光清亮,炯炯有神。浊,指目光浑浊,游移不定。
② 邪正:目光透露出的人的性格与精神的奸邪与忠直。

③ 先观动静:动,指目光正在看人观物的时候。静,指目光处于
　静止状态,未曾看人之时。

④ 含珠:指两眼光华熠熠,真情内蕴,如同晶莹的明珠含而
　不露。

⑤ 木发:指目光安详沉稳,又敏锐犀利,如同春木抽新芽,生机
　勃勃。

⑥ 静若无人:指目光湛然而清明,寂然而沉静,不为外物
　干扰。

⑦ 动若赴的(dì):目光犀利,而锋芒露于外,如射箭者瞄准目标,
　一发中的。赴,指箭射出去。的,箭靶子。

⑧ 此:代指"静若含珠,动若木发"和"静若无人,动若赴的"两种
　情态。

⑨ 萤光:萤火虫发出的光,微弱而闪烁不定。

⑩ 流水:比喻目光虽清澈却游移不定。

⑪ 尖巧而喜淫:尖巧,善于伪饰。喜淫,奸心内萌。淫,奸邪。

⑫ 半睡:似睡非睡、似醒非醒的样子,指老谋深算的神情。

⑬ 鹿骇:像小鹿那样惊恐不安,生怕别人窥见自己内心的想法。
　骇,惊恐不安的样子。

⑭ 别才而深思:别才,指有智能而不循正道之人。深思,深谋取
　巧又怕别人窥见的神情。

⑮ 败器:指有瑕疵之器,即上文"静若萤光,动若流水,尖巧而喜
　淫"的神情。败,缺损,瑕疵。

⑯ 隐流:指引而不发之徒,即上文"静若半睡,动若鹿骇,别才而
　深思"的神情。隐,含而不发。

⑰ 托迹:托,寄托,寄寓。迹,踪迹。

【译文】

古代的文人在研究、观察人的精神时,常分为清、浊两类。人的精神的清纯与昏浊容易分别,但神"清"中有奸邪、忠正之分,则不易分辨。观察一个人是奸邪还是忠正,应先看他在活动和安静时的表现。静下来,目光安详沉稳而又熠熠有光,真情含而不露,如同两颗晶亮的明珠;活动时,两眼精光闪烁,敏锐犀利,如春天草木抽出的新芽。处于静态时,双目清明澄澈,旁若无人;处于动态时,目光犀利,锋芒外露,如同持弓箭瞄准目标,引而未发。澄明清澈,是纯正的神情。处于静态时,目光如同萤火虫发出的光,微弱而闪烁不定;处于动态时,目光如同流动的溪水,虽然澄清却游移不定。这两种目光,一是善于伪装的神情,一是奸心内萌的神情。处于静态时,目光似睡非睡,似醒非醒;处于动态时,目光像惊鹿一样惶恐不安。这两种目光,一是有智能而不循正道的神情,一是深谋图巧又怕别人窥见内心的神情。有前两种神情者,多是有瑕疵之辈;有后两种神情者,则是心机深沉之人,都属于奸邪神情。可是它们却掺杂在清纯的神情之中,这是应当仔细加以辨别的。

【点评】

水有清浊之分,人有智愚贤不肖之别。古人常用"清"与"浊"来区分人的精神,测知人的命运。由于"正"和"邪"都蕴藏在"清"之中,并都以"清"的面目出现,要准确地分辨它们,就要结合动静情况。"动"、"静"是事物运动变化的两种状态。事物的真相和本质,最易于运动中流露、呈现出来,特别是在一些重要关头,最能见人真心。"静"虽然是稳定状态,但这种稳定是相对的,它处于其先其后的两"动"之中,在由"动"到"静",再由"静"到"动"的变化中,仍呈现为动态。因此,通过"动"能够看到事物的真相和本质,通过"静"也能够看到事物的真相和本质。"动",文中指眼睛正在看人观物之时的状态;"静",指目光暂时静止的状态。有动必有静,静后必是动,它们是相互连贯的永恒状态。

《太清神鉴》曾对精神清浊作了形象阐释:神清者,眼色清莹,顾盼不斜,眉秀而长,精彩耸动,容貌澄澈。坐似介石不动,卧如鸳鸟不摇,行如平水之流,立如孤峰之耸。言不妄发,性不躁动,喜怒不动其心,荣辱不改其操,世态纷扰而心念如一。神浊者,不醉似醉,常如病酒;不愁似愁,常怀忧戚;不睡似睡,才睡便觉;不哭似哭,常如惊恐。不嗔似嗔,不喜似喜,不惊似惊,不痴似痴,不畏似畏。神色凄惨,常如有失;恍惚仓皇,常如恐惧。言语涩缩,体貌低摧。面色初鲜而后暗,言语先快而后钝。

如果一个人的"神"澄澈,表明道德高尚意志坚定,对人忠心耿耿,不会因周围事物的变化而随意改变其节操和信仰。如果一个人的"神"昏浊,其品格卑下,心怀邪念,就容易见异思迁。"静若萤光",萤火虫的光在夏夜中比较微弱,闪烁不定,比喻有精神而无定力。"动若流水",流水的特性就是漂流不定,忽东忽西,比喻有智慧却难恒守。不停地寻找目标、窥探目标,因此两眼"静若萤光,动若流水"的人多是善于伪装的奸诈之徒。"动若鹿骇",像受惊的鹿一样惶恐不安。正如引而不发之徒,隐时不发,一发神驰。之所以称为别才,就是说虽有才智,却不能始终如一,笃守正道,容易见异思迁。

观　神

凡精神,抖擞处易见^①,断续处难见^②。断者出处断^③,续者闭处续^④。道家所谓"收拾入门"之说^⑤。不了处看其脱略^⑥,做了处看其针线^⑦。小心者^⑧,从其做不了处看之,疏节阔目^⑨,若不经意^⑩,所谓脱略也。大胆者^⑪,从其做了处看之,慎重周密,无有苟且^⑫,所谓针线也。二者实看向内处^⑬,稍移外便落情态矣^⑭,情态易见。

【注释】

① 抖擞:本指精神振作,文中指故作精神振作,故作的姿态不能持久。

② 断续处:指精神自然振作持久的状态。断,故作精神振作而难以为继时的状态。续,精神抖擞出于自然,无心作态,任其自然,因而不会在短时间内消逝。

③ 断者出处断:断,精神在故作振作时中断,无以为继的状态。出,指故作振作并表现于外。

④ 续者闭处续:续,指精神振作中断而重新振作起来时的状态。闭,指精神自然而生并含蓄体内。

⑤ 收拾入门:收拾,解脱、摆脱之意。道家养气炼性的要领是去掉杂念,以静待动。

⑥ 不了处看其脱略:不了处,指尚未去掉杂念、不能以静待动之时。脱略,轻慢、不拘。

⑦ 做了处：指"收拾入门"，即去掉杂念、能够以静待动之时。针线：精细周密之意。

⑧ 小心者：指谨小慎微的人。

⑨ 疏节阔目：粗枝大叶，不精细、不周到。

⑩ 若不经意：指干什么都好像漫不经心的样子。

⑪ 大胆者：指率直豪放的人。

⑫ 苟且：不认真，不严肃。

⑬ 二者实看向内处：二者，指上文中的"脱略"和"针线"，都属于"神"的范畴，前者为"神不足"，后者为"神有余"。看向内处，指存在于内心世界。

⑭ 落：沦为，变成。

【译文】

一般而言，观察一个人的精神状态，对那种矫揉造作、故作姿态的人，是比较容易识破的；而对那种看起来做作，又可能真的是精神振奋的人，就比较难以识别了。精神不足，即便故作振奋之态，但其后继乏力是掩盖不了的。精神有余，才能自然流露并蕴涵于内。道家有"收拾入门"的说法来观察精神。尚未"收拾入门"的，主要观其轻慢不拘之时；已经"收拾入门"的，主要观其精细周密之处。对于谨小慎微的人，要重点观察其尚未"收拾入门"时的状态，这样就会发现，他举动越是小心谨慎，就越难做到精细、周密，总是好像漫不经心的状态，这就是所谓的轻慢不拘。对于豪放直率的人，要重点观察他已经"收拾入门"时的状态，这样就会发现，他越是豪放直率，就越是慎重周密，一丝不苟，这就是所谓的精细周密。这种精神状态普遍存在于内心，但是它们只要稍微向外流露，就会表现为情态，而情态是比较容易观察到的。

【点评】

精神状态指的是某种相对稳定而持久的情绪状态,它不是关于某一事物的特定体验,而是以同样的态度体验对待一切事物。当某种情绪持续一定时间之后即形成一种精神状态。精神状态具有弥漫性,它奠定了一种情绪的基本倾向,主观体验、外部表情和生理反应都会受其影响,认知和行动也会随之改变。处于愉悦状态的人,能够笑谈挫折,嬉言艰辛;处于痛苦境地的人,往往觉得周围的山水树木对他都冷淡无情。"感时花溅泪,恨别鸟惊心",就是不同精神状态产生不同的认知和行为的形象描绘。根据一个人的精神状态,可以洞悉和把握其心理活动与人格特征。

影响精神状态的原因是多方面的,生活境遇、工作顺逆、人际关系、健康状况、自然环境等,都可能成为引起精神状态变化的原因。人的精神状态,根据其表现可以分为两种,一是率真自然,一是矫揉造作。前者是有感而发,完全出自内心的天性,表现出来也是自然而然,情真意切。后者则与自然流露相反,是故意做给人看。只有经验丰富的人,才能比较容易地看出他是情真意切,还是故意造作。综合人的各种言语行止表现,完全可以察看"神"之真假。由外在的情态举止,去探察其隐伏在内的精神气质,窥视他的心灵深处真实的活动。

当一个人面对困难的事情时,往往能观察到他比较真实的内心与精神状态。粗枝大叶的人即便把事做成功了,也会露出破绽,遗下后患;胆大心细的人则会密切注意周遭事物的细微变化,力求事情的各个环节都不出差错。应全方位考察一个人,不应被其相貌或言谈举止所迷惑。在《史记·游侠列传》中,司马迁曾说:"吾视郭解,状貌不及中人,言语不足采者,然天下无贤与不肖,知与不知,皆慕其声,言侠者皆引以为名。谚曰:'人貌荣名,岂有既乎!'"司马迁通过自己的切身体验,说明了因貌取人,也会因貌失人的道理,值得我们借鉴。

观　骨

　　骨有九起①:天庭骨隆起②,枕骨强起③,顶骨平起④,佐串骨角起⑤,太阳骨线起⑥,眉骨伏犀起⑦,鼻骨芽起⑧,颧骨若不得而起⑨,项骨平伏起⑩。在头,以天庭骨、枕骨、太阳骨为主⑪;在面,以眉骨、颧骨为主。五者备,柱石之器也⑫;一则不穷⑬;二则不贱;三则动履稍胜⑭;四则贵矣。

【注释】

　　① 骨有九起:起,状态、形状。本节专论九贵骨,分别是天庭骨、枕骨、顶骨、佐串骨、太阳骨、眉骨、鼻骨、颧骨和项骨。

　　② 天庭骨隆起:天庭骨,位置在发际天庭之下。其势丰隆而起才是贵相,但也不可呈"凸"字形。

　　③ 枕骨强起:枕骨,后脑之骨,位置与面部的印堂相平。强,充实显露。枕骨骨质宜充实,愈突显愈贵重。

　　④ 顶骨平起:顶骨,位置在头顶。平,平正不突兀。顶骨以平正为贵。

　　⑤ 佐串骨角起:佐串骨,即鬓角骨,其峰斜上插入小儿总角(束羊角辫)处,形状像角。俗话说,"头角露峥嵘",即指此骨。角,

牛角、羊角状的东西。

⑥ 太阳骨线起：太阳骨，位置在两眉之尾，根在太阳穴。线，直线上升，达于发际。太阳骨以细而显为贵。

⑦ 眉骨伏犀起：眉骨，即眉盘骨，位置在面部两眉之下。伏，平而隐。犀，犀牛角。眉骨宜棱而不露，隐然如犀牛角之平伏。眉骨高而露则狂傲，低而陷则奸邪。

⑧ 鼻骨芽起：芽，如芦笋竹芽，峻拔挺直。鼻骨以峻拔挺直为佳。

⑨ 颧骨若不得而起：颧骨，在面部两眼之下。若不得而起，有力有势，不露不陷，不尖不平，不偏不反。

⑩ 项骨平伏起：项骨，在颈后，下连脊骨，上连头骨。项有余肉，平伏而不突兀，为虎项，主大贵。

⑪ 以天庭骨、枕骨、太阳骨为主：头相的各个部位有主有次，即有起决定作用的关键部位，有起辅助作用的非关键部位。

⑫ 柱石之器：国家的栋梁之才。

⑬ 一则不穷：一，承前省略句，即"一者备"，即如果以上五种骨相中只具备一种。下文"二"、"三"、"四"类此。

⑭ 动履稍胜：动履，行动，活动。稍，渐渐。胜，发达、腾达之意。

【译文】

　　九种贵骨的姿态各不相同，天庭骨丰满隆起，枕骨充实显露，顶骨平正突起，佐串骨像角一样斜插入发际，太阳骨直线上升，眉骨骨棱如同平伏的犀牛角显而不露，鼻骨如同芦笋竹芽挺拔而起，颧骨有力有势又不陷不露，项骨平伏厚实又隐约显露。看一个人头部的骨相，主要看天庭骨、枕骨、太阳骨等三处关键部位；看面部的骨相，主要看眉骨、颧骨两处关键部位。如果以上五种骨相完美无缺，此人一定是国家的栋梁之才；如果只具备其一，此人终生不会贫穷；如果能具备其二，此人终生不会卑贱；如果能具备其三，此人只要稍作努力，就会兴旺发达；如果能具备其四，此人一定会大富大贵。

【点评】

王充《论衡》"骨相篇"云："人曰命难知，命甚易知。知之何用？用之骨体。人命禀于天，则有表候于体。察表候以知命，犹察斗斛而知容矣。表候者，骨法之谓也。""是故知命之人，见富贵于贫贱，睹贫贱于富贵。案骨节之法，察皮肤之理，以审人之性命，无不应者。"意思是人的命运受之于天，表现在身体。凭什么来预见一个人的命运呢？就是他的骨骼和体形。如果承认一个人是受命于天，就应该认识到这种命运一定会有在身体上表现出来的征候。考察人身体上表现出来的征候来预测他的命运，就像用斗升等量器考察一个容器的容积一样。一个能预知人的命运的人，能预见到一个贫贱的人将得到富贵的命运，也能预见到一个富贵之人即将沦为贫贱的命运。考察人的骨相，观察人的皮肤纹理，用来预测这个人的命运，没有不清楚准确的。

相骨指占骨骼之大小、形状、起伏、排列，或观察外形，或以手揣摩。相士还常将摸骨与听声合二为一，称之"揣骨听声"。《神相全编》云："大凡观人之相貌，先观骨骼，次看五行。"极言骨法之重要，其中"木骨瘦而青黑色，两头粗大，主多穷厄。水骨两头尖，富贵不可言。火骨两头粗，无德贱如奴。土骨大而皮粗厚，子多而又富"。此外，"骨不耸兮且不露，又要圆清兼秀气。骨为阳兮肉为阴，阴不多兮阳不附。若得阴阳骨肉均，少年不贵终身富"。可见，相骨之法亦是以阴阳五行为根据。《照胆经》云："骨者，四体之干，所受宜清滑长细，内外与肉相称。""若骨沉重粗滞而皮肉厚者，近于浊也。若骨坚主轻细而皮肉薄者,又近于寒也。大抵要耸直,不横不露,与肉相应者,乃为善相。"

"九贵骨"除了文中所说,还有另外一种表述。一是颧骨,面部左右两边、眼尾下方突起的骨头,共有两块。二是驿马骨,即颧骨势入"天仓"(眼角与眉尾部位)的骨头,共两块。俗话说:"颧插天仓号驿马,此人决不居人下。"颧骨不入"天仓",则叫做驿马骨未成。三是将军骨,即耳骨,也是两块。四为日角骨,左眉上方隐隐突起的骨头,一块。左眼为日,故其上方的骨叫日角骨。五是月角骨,右眉上方隐隐突出的骨头,一块。右眼为月,故其上方的骨称月角骨。六是龙宫骨,围绕双眼突出的骨头,共两块。七是伏犀骨,由鼻上一骨直线向上到额部"天庭",再由"天庭"直贯到头顶(一说脑后)的一段骨头,一块。其状如隐伏的犀角,故称伏犀骨。八是巨鳌骨,两耳后耸起直到脑后的大骨头,共两块。九是龙角骨,又称辅骨,为两眉眉尾上方隐隐凸出、稍高似角的骨头。"九贵骨"各有所主,各有其势:颧骨显示威严,驿马骨显示尊严,将军骨显示勇武,日角骨显示智慧,月角骨显示机敏,龙宫骨显示毅力,伏犀骨显示勤勉,龙角骨显示果断。古人认为,通过九种骨相,可以大体把握一个人的性格、才干、志向和命运。

据说隋唐时期著名相师袁天罡颇善此道,曾为中书舍人岑文本相骨云:"舍人学堂成就,眉覆过目,文才振于海内。头又生骨,犹未大成,若得三品,恐是损寿之征。"之后,岑文本官至中书令,不久就死了。他又为大臣马周相骨说:"马侍御伏犀贯脑,兼有玉枕,又背如负物,当富贵不可言。近古已(以)来,君臣道合,罕有如公者,公面色赤,命门色暗,耳后骨不起,耳无根,只恐非寿者。"后来马周果然官至宰相(中书令),还兼任皇太子李治的老师。由于为国事操劳,积劳成疾,最后一病不起,终年才 48 岁。

骨之色质

骨有色①,面以青为贵②,"少年公卿半青面"是也。紫次之③,白斯下矣④。骨有质⑤,头以联者为贵⑥,碎次之。总之,头上无恶骨,面佳不如头佳。然大而缺天庭⑦,终是贱品;圆而无串骨,半是孤僧⑧;鼻骨犯眉⑨,堂上不寿⑩;颧骨与眼争⑪,子嗣不立⑫。此中贵贱,有毫厘千里之辨。

【注释】

① 骨有色:骨头有不同的颜色,包括青、黄、赤、白、黑、紫,青对木,黄对土,赤对火,白对金,黑对水。其颜色由六气构成。六气是青龙、朱雀、勾陈、腾蛇、白虎、玄武。

② 面以青为贵:面部呈现青色,最为贵重。

③ 紫:相术中的紫色指黄中带红之色。

④ 白:相术中的白色指苍白中带有枯黄之色。"白如枯骨敷粉",苍白惨淡之色,气血亏损之兆。

⑤ 质:指骨的长势、气势。

⑥ 联:联结,成为一个整体。

⑦ 大而缺天庭:大,指头大。古人认为头大为吉。缺天庭,指天庭骨不丰隆,就违背了均衡原理,骨相有缺陷,不符合"头以联者为贵"的原则。头虽大,但往往是大脑欠发达、智力不佳的

表现。

⑧ 圆而无串骨，半是孤僧：头骨联结而又圆润，若佐串骨隐伏不见也不好，有"半是孤僧"的命运。如果太阳穴上的"辅弱弓骨"能突出来，就能避开"孤僧"之命。圆，指头圆，头圆为吉相。无串骨，佐串骨平伏不起。

⑨ 鼻骨犯眉：指鼻骨过长，上冲双眉。鼻梁骨一直冲到了眉心，有越域侵犯的态势，破坏了面部的均衡协调，易克伤父母。还有一种情况，即鼻骨"连眉"而非鼻骨"犯眉"，文人若如此相，即易显达。二者的区别在于它们的气势是冲克还是联结。

⑩ 堂上不寿：指双亲寿命不长。

⑪ 颧骨与眼争：颧骨与眼尾联得太紧，突兀出来比眼高，这就是阴阳移位、卑尊侵凌之相，可能"子嗣不立"，古人称之为"颧峰凌眼"。

⑫ 子嗣：子孙后代。

【译文】

骨头有不同的颜色，面部颜色以青色最高贵，俗话说，"少年公卿一半都是青面之人"，就是这个意思。黄中透红的紫色比青色略次一等，而面如枯骨涂粉的白色最为下等。骨头要有一定的气势，头部骨骼以相互关联、气势贯通最为高贵；互不贯通、支离破碎的略次一等。总之，头上不要有恶骨，面相再好也不如头相好。但是，如果头大天庭骨却不丰满隆起，也终究是卑贱之人；如果头圆而佐串骨却隐伏不见，多半要出家为僧；如果鼻骨冲犯两眉，则父母寿命不长；如果颧骨紧贴眼尾而颧峰凌眼，则子孙后继乏人。这里的富贵与贫贱之间的差别巨大，失之毫厘则差之千里。

【点评】

古人认为佳骨自有佳色。"色"现于外，"气"蕴于内，"色"只是"气"的外在表现，"气"才是"色"的根本，"气"不足，"色"自然就衰减了。因此，这里的"骨色"是指"骨有气，在面为色"。"骨有气"，也就是说骨的健康状况与人的生命活力有密切联系。春天是万物生长、活力显现的时候，"青色"就是指像春天一样活泼有力、象征着生命苗壮成长的青春气色。因为春天有青草、有绿树的特征，因而谓之"青色"。这种气色，富有生机，却也不失庄重端严。"紫色"比青色有不足，因此也可言"贵"，但难以"大贵"。"白色如枯骨敷粉"，这当然不是健康、活力的颜色，就像苍白中隐着一种秋后的枯黄，灰暗惨淡如枯枝败叶，是气血亏损之兆。由此可见，相术也有一定的医学根据。

脑髓居头盖之中，为精神首府，其容积之大小多寡，关乎人之贤愚智能。而脑髓多寡，又与头盖骨成比例，智能优胜之人，头盖骨必大，反之则小。至于头盖骨具有何种形状，拥有何种才能，就属于骨相学之范围。北宋著名文学家苏轼曾认为自己被贬谪到海南是因为自己骨相不佳所致。青年时，他在京都开封相过一次面。相士断言他的眼睛长得好，所以能做学士，而半个脑袋长得不好，将来会被发配他乡。《瑞桂堂暇录》记载："东坡自谪海南归，人有问其迁谪艰苦者。坡答曰：'此乃骨相所招。少时入京师，有相者云：'一双学士眼，半个配军头。异日文章虽当知名，然有迁徙不测之祸。'"这正是苏轼一生名满天下却坎坷流离的命运写照。

卷二　刚柔鉴

总　论

　　既识神骨,当辨刚柔①。刚柔,则五行生克之数②,名曰"先天种子"③,不足用补④,有余用泄⑤。消息与命相通⑥,此其较然易见者。

【注释】

①　刚柔:刚柔是相互对立又统一的一组概念。《周易·系辞下》:"刚柔相推,变在其中矣。"《淮南子》:"刚柔相成,万物乃形。"刚与阳相配,柔与阴相配,即阳刚之美和阴柔之美。

②　五行生克之数:五行,即金、木、水、火、土。生,相互促进和推动。克,相互制约和约束。五行相生,就是五行中的一种元素对另一种元素具有生发促进作用,如木生火,火生土,土生金,金生水,水生木等。五行相克,就是五行中的一种元素对另一种元素具有抑制约束作用,如木克土,土克水,水克火,火克金,金克木。

③　先天种子:先天,即遗传。种子,生命力。刚和柔是先天遗传下来的生命力。

④　不足用补:不足,阳刚不足或阴柔不足。补,补充,弥补。

⑤　有余用泄:阴阳五行家认为,阳刚和阴柔之间必须保持均衡,任何一方不足或有余,都不是最佳状态。如果某一局部有所

不足,其他部位可以对它进行弥补;如果某一部位有余,则其他部位可以对它进行削弱。有余,指阳刚有余或阴柔有余。泄,削弱,减弱。《老子》中说:"有余者损之,不足者与之,天之道损有余而补不足。"

⑥ 消息与命相通:"消息"一词最早见于《周易》:"日中则昃,月盈则食,天地盈虚,与时消息。"意思是随着时间的推移而变化,有时消减,有时滋长。古人将客观世界的变化,包括它们的枯荣、聚散、沉浮、升降、兴衰、动静、得失等变化称为"消息"。消,阳刚去而阴柔来,或阳刚减弱而阴柔增强。息,阴柔去而阳刚来,或阴柔减弱而阳刚增强。

【译文】

在鉴别神骨之后,应当进一步辨别刚柔。刚柔是五行生克的道理,道家称为"先天种子",不足的增补它,多余的消泄它,使刚柔平衡,五行和谐。盈虚损益与人的命运相通,这种现象在对比中很容易发现。

【点评】

阳刚阴柔说源于《周易·贲卦·彖》:"刚柔相错,天文也;文明以止,人文也。观乎天文,以察时变;观乎人文,以化成天下。"《说卦传》说:"分阴分阳,迭用柔刚,故易六位而成章。"从《周易》可以看出当时人们把阴阳作为推动宇宙生命互动的两种基本因素,柔与刚则分别是阴阳所具有的两种属性,这体现了传统中国人的根本宇宙观——"一阴一阳谓之道"。这一宇宙观也成为古代相学家探讨命运的哲学基础。五行之间的生克制化关系失常,阴阳失调,事物的协调性便会遭到破坏,从而出现反常现象,在自然界表现为自然灾害,在人体表现为疾病。这种反常现象,主要是"亢乘"和"反侮"。亢乘,物盛极为亢太过。凡事物亢极则乘。乘,乘虚侵袭,强而欺弱,相克太过。五行中并不只存在着顺克,有时也会出现逆克,如土旺木衰,木受土克;木旺金衰,金受木克;水衰火旺,水受火克;土衰水旺,土受水克;金旺火衰,火受金克。这种逆克、反克,亦称反侮。曾国藩说过:"大抵阳刚者,气势浩瀚;阴柔者,韵味深美。浩瀚者,喷薄而出之;深美者,吞吐而出之。"阳刚之气外向,阴柔之气内敛。外向,所以其气雄强,划然轩昂,气势浩瀚。内敛,所以其气含茹,优雅谦谨,温和柔顺。

刚强的和柔和的互相补充,便恰到好处。"刚柔并济"一词出自汉王粲《为刘荆州与袁尚书》:"当唯义是务,唯国是康。何者?金木水火以刚柔相济,然后克得其和,能为民用。"《三国演义》第七十一回有"凡为将者,当以刚柔并济,不可徒恃其勇"之语。刚是做人的脊梁,是立世的根本;柔是做人的血脉,是为人的通达。只知勇敢、刚毅、强悍只是一介武夫或勇夫罢了,而在具备这些品质的同时又保持文采、柔和、温柔才是真正的男儿。罗贯中《三国演义》第四十三回描写诸葛亮舌战群儒:"孔明致玄德之意毕,偷眼看孙权:碧眼紫髯,堂堂一表。孔明暗思:'此人相貌非常,只可激,不可说。等他问时,用言激之便了。'"诸葛亮通过"相"孙权,见孙权相貌非常,性情刚烈,绝非懦弱无能之辈,因而采取了"激",而不是"说"的策略,最后取得了预期效果。

外刚柔

五行有合法①,木合火,水合木,此顺而合②。顺者多富③,即贵亦在浮沉之间[4]。金与火仇[5],有时合火,推之水土者皆然[6],此逆而合者,其贵非常。然所谓逆合者,金形带火则然[7],火形带金[8],则三十死矣;水形带土则然,土形带水,则孤寡终老矣;木形带金则然,金形带木,则刀剑随身矣[9]。此外牵合[10],俱是杂格,不入文人正论。

【注释】

①　五行有合法:合,五行之间具有相生相克的关系。合又有顺、逆之分,相生相成为顺合,相反相成为逆合,如金仇火,火与金又相辅成。

②　顺合:木合火即木生火,水合木即水生木等是顺合。

③　顺者多富:五行顺合主富不主贵。

④　即贵亦在浮沉之间:即使偶然得贵也不会长久,总在贵与不贵之间浮沉升降。

⑤　金与火仇:火本来克金,反过来金也抑制、约束火,这种现象叫金侮火或金仇火。仇,又称"侮",即反克。

⑥　推之水土者皆然:类而推之,土与木、火与水、木与金等都是相仇关系。

⑦　金形带火:因为火能炼金,金得火炼,才成气候,故"其贵非常"。金形,人的形貌按照五行可分为五形,即金形人、木形人、水形人、火形人和土形人。

⑧　火形带金:火克金,金扰火势,因而不吉,易早亡。

⑨　刀剑随身:将遭刀剑之灾,遇杀身之祸。

　⑩　牵合:勉强凑合。

【译文】

　　五行之间的相生相克相仇关系为"合"，而"合"又有顺合与逆合之分，如木生火、水生木是顺合。顺合之相会发家致富，但不会显贵，即便偶然得贵也会浮沉升降，难以持久。金仇火，火炼成金，二者相辅相成，类而推之，水与土等之间的关系也是这样，这种逆合是大贵之相。逆合中，如果是金形人带有火形之相，便非常高贵，反之，如果是火形人带有金形之相，可能活到三十来岁就会死亡；如果是水形人带有土形之相，便非常高贵，反之，若是土形人带有水形之相，就会一辈子孤单无依；如果是木形人带有金形之相，会非常高贵，反之，如果是金形人带有木形之相，就会有刀剑之灾，杀身之祸。至于此外那些牵强附会的说法，都是胡编乱造，不入有学识的文士的法眼。

【点评】

　　五行观念在相术中应用十分广泛。相术把五行与人的身体部位相配，不仅将五行与五官相配（眼属木，眉属火，口属土，鼻属金，耳属水），还比类取象，根据人的形体划分为木形人、金形人、水形人、土形人、火形人等五类。《神相全编》说："木瘦金方水主肥，土形敦厚背如龟。上尖下阔名为火，五样人形仔细推。木色青兮火色红，土黄水黑是真容。只有金形是带白，五般颜色不相同。"相师甚至以五行匹配气色、骨法、声音等推测人的吉凶祸福、寿夭穷达。

　　在形体方面，古人也用五行分类来说明人的性格、品德和命运，即"五行形相"，根据金、木、水、火、土五行的性质，用类比取象的方法，把人的形体相貌、性格气质归类为金形、木形、土形、火形、水形等五种。《麻衣相法》说，由于禀气不同，人的性格气质不同，因此有不同的相形，于是便有五行之相的分类和飞禽走兽之相的分类。"禀五行以生，顺天地之和,食天地之禄,未尝不由于五行之所取,辨五行之形,须尽识五行之性。"人生于五行,与天地相合,既然来自五行,要想了解五行的形态,就必须知道五行的性状,才能把握事物的本质。

其中,金形人面方耳正,眉清目秀,唇齿相配,手端小而方,腰腹圆正,色白气清。性格上易清高气傲,不服输,敏感,缺乏安全感,大多有不同程度的洁癖。对生活、对下属都比较挑剔,喜欢跟有能力的人打交道。富有神秘感,不易接近。《神异赋》认为"金形得金局,逢土可比陶朱",金形人的命相本来就不错,再兼有土形人的某些特点将会好上加好,因土能生金,主财禄,故可富比春秋时的陶朱公范蠡。

木形人皮肤青白,头小,长脸居多,身材挺拔,肩背宽大,手足细长多青筋,穿衣服特别有型。博学多才,善用谋略,勤于思辨,但体力有限,多从事脑力劳动。在领导和用人方面欠缺天赋,总是事无巨细,自己亲力亲为、劳心劳力。善于隐忍,不喜欢争名逐利,却又渴望得到大家对自身能力的认可,稍不如意时,内心易产生压抑和郁闷之气。根据五行生克之理,水可生木,故木形人兼有某些水形人的特点方为吉相。金木相克,木形人兼有金形人的特点为凶相,因此《神异赋》有"木主金伤,钱如雾消"之说。

水形人皮肤微黑,富有光泽度和亮度,脑门和两腮比常人稍宽,两肩小,脊背长,塌臀。水形人语言亲和,学识过人,常通多个领域的知识,知识面非常广。处事不呆板僵硬,灵活变通,为人足智多谋,社交能力强,但缺乏恒心,做事缺少条理。《神异赋》说:"水局得金终须快畅","水逢厚火终破资财"。即水形人兼有金形人的特点,终身幸福;兼有火形人的特点,则穷困潦倒。金可生水,水形人的聪慧与金形人的刚毅结合将会更加完美;水火难容,火泄水势,则主破财。

火形人皮肤发红、发赤或古铜色,脊背宽广而肌肉丰满,头小,面瘦,手足小,身形上尖下阔,如火焰一般;步伐稳重,走路晃肩,浓眉小耳,精神矍铄。性子急、易冲动,多为爆脾气,但心肠好。为人有气魄,讲义气,轻财物,乐于助人,有恩必报。但火形人易好大喜功,听不得逆耳的话。一般为自己操劳少,为别人操劳多。《神异赋》说:“火人带木必定荣超”,火形人以兼得木者为佳,因木能生火,以木形人的仁慈温顺来补火形人的焦躁,可完美无缺,终身发达。

土形人身材短,脖子短,手指短。肤色偏黄,头大面圆,肩背丰满。相对比较安静,对人和善、友好,不喜欢争名逐利。性情慵懒,开拓心、进取心不是很强,很容易满足现状。土为财物生长之所,故土形人得土局之正,必定财源丰茂,仓殷廪实。

兼形人基本上合乎五行形相中的某一形局,又兼有其他形局的特点。主要指外观形体和肤色的相兼,有自身相兼、二重相兼和多重相兼等形式。如金形兼金,即为自身相兼;金形兼木,即为二重相兼;金形兼木又兼水,即为多重相兼。按相兼的范围则有完全相兼与部分相兼之分。完全相兼指形色俱兼,部分相兼单指形兼或色兼。评判兼形所体现的命相,依据的是五行生克之理。相兼为生,属吉相。《神异赋》说:“土局得土形见火有如王恺。”王恺是晋武帝司马炎的母舅,官至龙骧将军、骁骑将军等,生活极其奢靡,曾与富商石崇斗富,并获晋武帝的支持和帮助。土形人本来财旺,兼得火局,火又生土,因此富上加富。兼形若是相克之兼,则主凶厄。自身相兼,一般为吉相。

内刚柔

　　五行为外刚柔①。内刚柔②，则喜怒、跳伏、深浅者是也③。喜高怒重④，过目辄忘⑤，近"粗"。伏亦不伉⑥，跳亦不扬，近"蠢"。初念甚浅⑦，转念甚深，近"奸"。内奸者⑧，功名可期。粗蠢各半者⑨，胜人以寿⑩。纯奸能豁达⑪，其人终成。纯粗无周密⑫，半途必弃。观人所忽⑬，十有八九矣。

【注释】

　① 五行为外刚柔：五行是人的刚柔之气的外在表现。

　② 内刚柔：指蕴藏于内的刚与柔，即人的内在精神世界的各种性质相反却又彼此对应的情感，其表现形式是"喜怒、跳伏、深浅"。

　③ 喜怒、跳伏、深浅：喜怒，指人的喜怒哀乐之类的感情，实际上是概指人的各种情感。跳伏，指人的情绪。"跳"为激动，"伏"为平静。深浅，指人的心机、城府。

　④ 喜高怒重：喜怒之情显露得非常明显，超过了应有的限度，有些不合人之常情。

　⑤ 过目辄忘：指不放在心上，很快就忘掉了。辄，就，便。

　⑥ 伉(kàng)：强健。

　⑦ 初念甚浅：遇到事情，开始考虑似乎不很深刻。这是一种先浅后深，由浅入深的过程。

　⑧ 内奸者：心怀奸诈之人。

⑨ 粗蠢各半：既粗俗又愚蠢。这种人刚柔皆能支配，刚支配其"粗"，柔支配其"蠢"。

⑩ 胜人以寿：以寿胜人，即寿命比一般人要长。

⑪ 纯奸能豁达：纯奸，即内外俱奸。豁达，指心胸开阔，举止大度，做起事来纵横捭阖，随心所欲。

⑫ 纯粗：性情过刚且粗鲁的人。

⑬ 观人所忽：由于"内刚柔"是蕴藏不露的，须从人的"喜怒、跳伏、深浅"上去观察。由于人的思维有习惯性，容易忽略从"内刚柔"方面去观察和认识人。

【译文】

前面所说的五行，是人的阳刚和阴柔之气的外在表现，也就是"外刚柔"。除了外刚柔，还有内刚柔。内刚柔是人的喜怒哀乐的感情、激动或平和的情绪、深浅不一的心机或城府。遇到高兴的事情就乐不可支，遇到烦恼的事情就怒不可遏，而事情过后就忘得一干二净，这种人阳刚之气太盛，近乎"粗鲁"。平静之时一点都不张扬，激动时也兴奋不起来，这种人阴柔之气太盛，近乎"愚笨"。遇到事情，初看起来想得似乎很浅显，而转念又思考得深入细致，这种人阳刚与阴柔并济，近乎"奸诈"。内藏奸诈的人外柔内刚，遇事能进能退，能屈能伸，日后必定能成就一番功名。既"粗鲁"又"愚笨"的人，乐天知命，寿命往往超过一般人。奸诈大度之人，遇事能以退为进，以顺迎逆，终会获得事业的成功。那种举止粗笨，气质粗鲁的人，只知一味刚强，做起事来必将半途而废。以上这些就是"内刚柔"，十有八九可以从人的不经心处观察到。

【点评】

文中所用的"粗鲁"、"愚笨"、"奸诈"等词汇，并不是贬义词，而是外粗内细,其细处就在于柔的涵养与功夫。人一般可分为刚强活泼与柔和沉静两种类型。沉静之人办事不声不响,认真执著,往往会成为某一个领域里的专家和能手。缺点是行动不够敏捷,抓不住生活中擦肩而过的机会。性格柔和的人,尽管平时不太爱讲话,但看问题往往深远,只因不愿讲出来,有可能被别人忽略。对于这类人的意见一定要充分重视。无刚不能自立,无柔不能亲和;太刚则折,太柔则靡。只有刚柔相济,才能无往而不胜。

《老子》崇柔抑刚,将柔理解、规定为生之本。孔子则强调动静得宜适中,不动则无功,而恒动则亡;不静则不安,而久静则沉沦。可见,刚与柔、动与静,都有其得失,关键在于根据时间、地点、条件,把握好其辩证关系,当刚则刚,当柔则柔,刚柔有体,动静搭配,运用之妙,存乎一心。同时,刚与柔,动与静,也是可以相互转化的。"日中则昃,月盈则食,天地盈虚,与时消息。"世事、人生,莫不如此,均可从中得到启迪。若能掌握这些规律,则动,可以建功立业;静,可致安泰吉祥。如此,则治国、理政、治事、养身,无不得宜。

卷三　容貌鉴

总　论

　　容以七尺为期①，貌合两仪而论②。胸腹手足，实接五行③；耳目口鼻，全通四气④。相顾相称⑤，则福生；如背如凑⑥，则林林总总⑦，不足论也。

【注释】

　　① 容以七尺为期：七尺，指人的身躯。古代尺小，人的身躯一般有七尺之长。期，限度。"容"与"貌"的含义不同，前者指人的整个身体及其表现出来的情态，后者指天庭至地阁之间的整个脸部。

　　② 两仪：指阴阳、天地、雌雄、男女、尊卑、动静、有无等相对相斥又相辅相成的一组事物，这里指天庭和地阁，一说指两眼或手足。

　　③ 五行：本指金、木、水、火、土五种元素，这里指五脏，即肺属金、肝属木、肾属水、心属火、脾属土。五脏与胸腹手足即躯体相通，与金、木、水、火、土五行相关联，具有它们某些属性和特征。

　　④ 四气：四时之气，又指五脏之气。人的五官与五脏、四时相通，即目通肝，为肝之窍，属春；唇通脾，为脾之窍，为四季之末；舌通心，为心之窍，属夏；鼻通肺，为肺之窍，属秋；耳通肾，为肾

之窍,属冬。

⑤ 相顾相称:胸腹手足互相般配,耳目口鼻相互照应,只有这样,才符合自然之理,表明身体健康,相貌不凡。如果人体的各个部位相互对应、搭配,彼此对称、协调,就会给人带来福气。相顾,人体各个部位相互对应、搭配。相称,人体各个部位相互对称、协调。

⑥ 如背如凑:背,悖、相反,指人体的各个部位不照应、搭配。凑,紧密,指人体各个部位不对称、不协调。

⑦ 林林总总:纷纷散乱的样子。人体的各个部位相互背离或彼此拥挤,相貌显得纷纭散乱、支离破碎。

【译文】

观人的形貌,姿容要以七尺躯体为主,面貌要把天庭地阁结合起来评断。人的胸、腹、手、足都和金、木、水、火、土等五行相关联,具有它们的某些属性和特征;人的耳、目、口、鼻,都和春、夏、秋、冬等四时之气相贯通,具有它们的某些属性和特征。一个人身体的不同部位,如果能相互照应、搭配,彼此对称、协调,就会给他带来福气;如果相互背离或彼此拥挤,奇形怪状,相貌显得纷纭散乱、支离破碎,其前程往往不值得一提。

【点评】

容貌包括容和貌。容指人的整个躯体,不仅包括胸腹、手足、腰背等,还包括人的举止、情态,如行、坐、卧、食,以及言谈话语和喜怒哀乐等。貌特指人的面部的形象或状貌,包括口、鼻、耳、目及其动静形态。面部是生命力旺盛与否、先天禀赋是否优良的一面"镜子",古人说:"列百部之灵居,通五腑之神路,推三才之成象,定一身之得失者,面也。"古代圣贤追求的最高境界是"天人合一","胸腹手足,实接五行;耳目口鼻,全通四气",强调人与自然的和谐,同时说明人是由身体各部位互相配合、互相作用的整体,各部位应相顾相称。

近代历史上曾有人认为相术是统计相貌特征后得出的结果,影响较大的是意大利神秘主义者切萨雷·洛姆布罗索(1836—1909)提出的"犯罪型"特征,如薄嘴唇、高颧骨、窄鼻梁、招风耳、塌额、头发浓重而汗毛较淡等。后来有人在英国用较为严谨和精密的方法,配合统计技术做了大规模的调研,结果推翻了这个说法。又有人在美国测量了一万三千名罪犯的长相特征,企图维护这一说法,也未获成功。此外,还有人把形相方面的某一项目或特征(如高额、浓眉、薄唇等)与性格方面的某一特征或品质(如聪明、忠厚、奸诈等)共二百多个项目逐一测量,并分别计算它们之间的相关程度,结果相关系数平均几乎等于零。可见,仅凭容貌判断一个人是否善恶贤愚是不科学的。

虽然如此,容貌毕竟是一个人综合素质的重要体现。观察其仪容言行,即可对其人有大体掌握。一个体态潇洒、仪表堂堂、言谈举止文明的人,会给接触者留下良好的印象;反之,则给人以不良印象。以容貌观人,古已有之。据《大戴礼记》记载,尧依据人的容貌设官授职,《孝经》里也有"容貌举止可以观瞻,进退有据,可为法度"的记载。《礼记》中更有详细地规定:步履要稳重,手势要恭敬,目光要安详,口气要和蔼,声音要恬静,头颈要端直,气色要肃穆,态度要端庄,等等。

论　容

　　容贵"整"①，"整"非整齐之谓。短不豕蹲②，长不茅立，肥不熊餐，瘦不鹊寒，所谓"整"也。背宜圆厚，腹宜突坦③，手宜温软④，曲若弯弓⑤，足宜丰满，下宜藏蛋⑥，所谓"整"也。五短多贵⑦，两大不扬⑧，负重高官⑨，鼠行好利⑩，此为定格。他如手长于身⑪，身过于体⑫，配以佳骨，定主封侯⑬；罗纹满身⑭，胸有秀骨⑮，配以妙神⑯，不拜相即鼎甲矣⑰。

【注释】

　　① 整：匀称、均衡之意。

　　② 短不豕(shǐ)蹲：短，个子低矮。豕，猪，名词作状语，像猪一样。下文"茅"、"熊"、"鹊"等同。

　　③ 突坦：突出而平坦，整个饱满。

　　④ 温软：温润柔软。

　　⑤ 曲若弯弓：手掌横向弯曲，其状如弓。

　　⑥ 下宜藏蛋：足底下宜藏蛋。足底最忌平板，古人认为足弓高虚能藏蛋为佳，主大富。

　　⑦ 五短多贵：五短，指头、面、身、手、足五者俱短。"五短"是一种匀称、均衡之相，古人多以五短为贵。

　　⑧ 两大不扬：两大，指两条腿过长。不扬，指命运不佳。

　　⑨ 负重高官：负重，指走起路来如背负重物，因步态显得坚实有力，具有任重道远之相，有高官显宦之运。

⑩ 鼠行好利：鼠行，走起路来像老鼠那样步子细碎急促，两眼左顾右盼，目光闪烁不定。好利，鼠性喜窃，故曰"好利"。

⑪ 身：指上身。

⑫ 身过于体：上身比两腿还长。体，指下体，即两腿。以上两相都是所谓奇相，相奇而不怪，主大贵。

⑬ 侯：侯爵，代指爵位。古代以爵位封赏有功之人，分五等，以尊卑为序，即公、侯、伯、子、男。

⑭ 罗纹满身：皮肤细嫩柔润如同绫罗之纹遍布周身。罗，绫罗，代指绫罗绸缎等贵重丝织品。

⑮ 胸有秀骨：胸部平坦宽厚，两乳之间距离开阔，胸骨隐而不露，文秀有致。

⑯ 妙神：指风度气质上佳，文雅潇洒。一说指眼神及其风采。

⑰ 不拜相即鼎甲矣：拜，授予官位。相，宰相，泛指大官高位。鼎甲，科举殿试中名列一甲的共三人，即头名状元，二名榜眼，三名探花，这里指科举高中。

【译文】

人的姿容贵于"整"，"整"并非整齐划一，而是身体各个部分均衡匀称，和谐优美。就身材而言，个子可以矮，但不能矮得像一头蹲着的猪；个子可以高，但也不能像一颗耸立的茅草。从体形来看，体态可以胖，但又不能臃肿得像一头贪吃的熊；体态瘦也不妨，但又不能单薄得如同一只寒风中的鹊鸟，这就是所谓的"整"。从身体各部位来看，背部要浑圆厚实，腹部要突出平坦，手要温润柔软，手掌要弯曲如弓，脚背要丰厚饱满，脚心空到能藏下鸡蛋为佳，这也是所谓的"整"。五短身材看似不佳，却大多地位高贵；两腿过长的人，往往命运不佳。走起路来如同背负重物,必有高官之运;走路若像老鼠般步子细碎急促,左顾右盼,目光闪烁不定,必是贪财好利之徒。这些都是定评,屡验不爽。还有其他的情形:如两手长过上身,上身比下身长,再配以上佳之骨相,一定会位至高官;再如皮肤细腻柔润,如同绫罗布满全身,胸部骨骼隐而不现,文秀别致,再有一副奇佳神态,日后即便不能拜相,也会科举高中,前程远大。

【点评】

在相学上,脸圆的人主金水,对人际关系及财运都有加分的作用。下巴丰满尤其是有双下巴的人,一生富有。一个人的腰愈细,气就愈旺,寿命愈长。臀部大代表有财运,所谓"十肥九富,不富在没屁股"。纤细的腿固然令人赏心悦目,然而相学上却认为"腿长脚瘦,奔走不停,辛苦之相也"。小腹像悬箕的形状是一种福寿之相,"背无三甲,腹无三壬,此皆不寿之验"。一说三甲为"垒"字,三壬为"垂"字。"垒"字者,言其厚实;"垂"字者,言其大而有容。背厚、腹垂、胸阔、脐深,俱主厚福。仅以三甲三壬而言,是主寿;若三甲三壬加胸阔脐深,是主福寿。爱美是人的天性,当代很多人把"瘦"当做减肥的终极目标,曲解了减肥的真义,其实真正的减肥是要能"匀整",使身体的比例均匀,和谐优美,也就是"容贵整"。

传说中孔子的姿容就体现了他作为圣人的特征:头如尼丘山,中央低,四周高,为"德泽所兴,藏元通流"之处,是思想家、道德家的头脑。身高十尺、大九围,坐如蹲龙,立似牵牛,通体放光,近看如昴星,远看似斗星。孔子身躯高大伟岸只有周文王堪与论伯仲,是真正的文王事业的光大者与"素王"。海口、牛唇、骈齿、辅喉、舌理七重,刻画出了孔子作为游说者、说教者的形象。而老虎的手掌、灵龟的脊梁、方形合矩的胸部,则是"制作定世符运"的帝王师表的形体特征。

论　貌

　　貌有清、古、奇、秀之别^①，总之须看科名星与阴骘纹为主^②。科名星，十三岁至三十九岁随时而见^③；阴骘纹，十九岁至四十六岁随时而见^④。二者全，大物也^⑤，得一亦贵。科名星见于印堂眉彩^⑥，时隐时见，或为钢针，或为小丸，尝有光气，酒后及发怒时易见。阴骘纹见于眼角，阴雨便见，如三叉样，假寐时最易见^⑦。得科名星者早荣^⑧，得阴骘纹者迟发^⑨。二者全无，前程莫问。阴骘纹见于喉间，又主生贵子；杂路不在此格^⑩。

【注释】

①　貌有清、古、奇、秀之别：清，清秀，指精神清朗、气度清纯之相，以及谈吐温文尔雅、举止端庄斯文之态。古，古朴，指为人淳朴、气质敦厚之相，以及言谈举止都朴实无华之态。奇，奇伟，指形相体格魁梧伟岸，风度气势非同凡响。秀，秀气，指形貌美丽英俊，风度可爱怡人之态。

②　总之须看科名星与阴骘(zhì)纹为主：总之，不同于现代汉语中作副词的"总之"，而是总体上来看清、古、奇、秀这四种相貌的分别。科名星，指上腾于天庭而凝结于帝座的紫气，处于印堂与眉毛之间。阴骘，亦称泪堂、龙堂、凤袋。指面相中位于两眼下卧蚕内的部位。有人认为阴骘纹主阴骘之事，代指阴德。

③　十三岁至三十九岁随时而见：古人认为，人的青年期从十三岁开始，壮年期至三十九岁为界限。科名星是一种黄光紫气，位

于印堂和眉彩中间。科名星在十三岁至三十九岁这段时间随时可见。

④ 十九岁至四十六岁随时而见：十九岁至四十六岁是一个人的成熟阶段，见识增加，修养加深，会有阴骘纹出现。阴骘纹是后天靠积德修道而成，因此十九岁与四十六岁，相对科名星的十三岁与三十九岁要晚一些。

⑤ 大物：不同一般的人物、人才。

⑥ 印堂眉彩：印堂，又名"命宫"，指额部两眉之间的部位。从印堂的宽窄程度、色泽、颜色，可以看出一个人的运气的好坏，祸福吉凶。印堂饱满，光明如镜是吉利之相。人逢好运此部位有光泽、带红润。运气不好时，印堂晦涩，失去光泽。印堂低陷窄小，或有伤痕黑痣，为不吉利之相，必定贫寒，而且克妻。眉彩，眉毛的光彩、形状、浓密等，可以区分一个人是上等、中等还是下等的眉相。

⑦ 假寐时最易见：假寐，指似睡非睡的状态。因阴骘纹细小，只有在皮肤松弛时，才容易看见，故说"阴雨"和"假寐"时易见。

⑧ 得科名星者早荣：科名星是先天、与生俱来的，所以主"早荣"。

⑨ 得阴骘纹者迟发：阴骘纹靠后天人的修养、行善、积德而养成，到一定年纪才出现，主"迟发"。

⑩ 杂路不在此格：杂路，指阴骘纹不在咽喉部位，而在其他部位。格，格局，模式。

【译文】

人的面貌有清丽、古朴、奇伟、秀气的区别。这四种相貌主要通过科名星和阴骘纹来辨别。科名星在十三岁到三十九岁时可以看到，阴骘纹在十九岁到四十六岁时可以看到。如果阴骘纹和科名星二者兼备，将来一定会成为大人物，得其一样也会富贵荣显。科名星出现在印堂和眉彩之间的位置，时隐时现，形状有时像钢针，有时如小球，是一种红光紫气，在酒后和发怒时最易看到。阴骘纹出现在眼角处，遇到阴天或下雨时能看见，类似三股叉，在人将要入睡时最容易看见。有科名星，少年时就会功成名就；有阴骘纹，发达的时间要晚一些。两者都没有的话，就不要再问前程了。另外，阴骘纹若现于咽喉部位，主人喜得贵子；若出现在其他部位，则不能如此断定。

【点评】

貌，指面貌，也就是一个人的面相。据《麻衣相法》记载，"三停"是相士看相的三个最基本的部分，它们都是对人的面相的划分。上停是从人面部额头的发际到两眉之间的位置，大体相当于额部。中停是从两个眉毛下来一直到鼻尖的位置。下停是指从鼻尖一直到下颏的一大块。古代相术认为上停部分记载着人早年的命运，因此，要看一个人早年的命运如何，那么就仔细观察额头。中停部位记载着人中年的命运，中年发与不发，那就都在中停了。要想知道晚年的命运如何，看下停就可知晓。如果三停比例匀称，左右对称，这种面相便属上乘。因此，《麻衣相法》说："上停长，少吉昌；中停长，近君王；下停长，老吉祥。三停平等，富贵荣显；三停不均，孤夭贫贱。"又说："额尖初主灾，鼻中主逃，欲知晚景事，地阁喜方高。"如果"天庭饱满、鼻如悬胆、地阁方圆"则为上等命运，而"额头下陷、鼻孔朝天、尖嘴猴腮"则是下等命运。

"三主"也是对面相的划分，即额、鼻、地阁（即下颏部位），分别称为初主、中主和末主。"三停"从横的角度来划分，"三主"则是从纵的方向来划分。"三停"注重的是面，"三主"注重的是点。三主以丰隆为上相,即额头要高广不陷,鼻子要丰隆,下颏要圆厚。"三停"的均匀平等可以弥补"三主"的缺陷,反之亦同。

人的相貌有清丽、古朴、奇伟和秀气之分,尤其应注意分别真假。"清"是指人的精神澄明,举止文雅,如桂林之枝、昆山之玉,洒然超脱,不染俗尘,使人望之如鹤立鸡群,气势豪迈。反之,寒酸贫薄,故作斯文,自以为是,酸不溜秋是假"清"。"古"指的是人的气质古朴,风度自然,见多识广,才高八斗。而举止令人费解,思维怪异,故作深沉,心浮气躁都是假"古"。"奇"是指人身材高大奇伟,气宇轩昂。而装模作样,大摇大摆,不可一世,阴阳混淆则是假"奇"。"秀"是指人气势和祥,眉清目秀,且眉目之间有怡人的神采。而浓妆艳抹,故作矜持,雄性雌声则是"媚"。

中医通过大量的医疗实践,逐步认识到机体外部,特别是面貌、五官与脏腑器官有非常密切的关系。如相术认为耳耸过眉者百岁不死,耳轮坚厚者长寿,耳轮薄者命浅,耳轮模糊者损寿等,这些皆源自中医"肾生脑"、"肾发为耳"、"耳坚者肾坚,耳薄不坚者肾脆"等理论。耳贯脑通肾,为心与肾的表征理论的引申。耳廓较长,耳垂组织丰满,正是肾气健旺的表候反映,已在中医临床实践上得到充分印证。

论目鼻口齿

目者面之渊①,不深则不清②。鼻者面之山,不高则不灵③。口阔而方禄千钟④,齿多而圆不家食⑤。眼角入鬓⑥,必掌刑名⑦。顶见于面⑧,终司钱谷⑨,此贵征也。舌脱无官⑩,橘皮不显⑪。文人有伤左目⑫,鹰鼻动便食人⑬,此贱征也。

【注释】

① 目者面之渊:渊,水潭,幽深清澈的水潭。

② 不深则不清:深,指目光深沉、深邃,而非眼眶深陷。清,脸部气色清爽。

③ 不高则不灵:高,指鼻梁高耸和鼻尖丰圆,整个鼻子如山脉有雄伟之气势。灵,指脸部所显示的机灵秀美之气。

④ 口阔而方禄千钟:禄,俸禄,古代官员领的薪金。千钟,意思是俸禄极为丰厚。钟,旧时的容量单位,其容量为六斛四斗。

⑤ 齿多而圆不家食:齿多,牙齿有其固定之数,本无多与少之分。多,在这里为细小之意,牙小,看上去就多。家食,"家"是名词作状语,意思是在家里吃饭的意思。

⑥ 眼角入鬓:两眼秀长,眼角斜插至鬓发。有这种相者,不但有威仪,而且性格坚强,疾恶如仇。

⑦ 必掌刑名:掌,掌管,当家。刑名,指司法生杀大权。

⑧ 顶见于面:指中年秃头、谢顶,使头顶与额角相连。见,同"现"。

⑨ 终司钱谷:司,掌管。钱谷,这里指国家财政大权。

⑩ 舌脱无官:舌脱,即口吃。古人认为口吃者无官运。

⑪ 橘皮不显:古人认为脸粗皮糙者官运不通。橘皮,指面部皮肤粗糙,毛孔显露就好像橘子皮。不显,地位不显赫,即做不了高官。

⑫ 文人有伤左目:目为文星,目有伤则损文星。

⑬鹰鼻动便食人：鹰鼻，指人的鼻尖下垂呈钩状，就像老鹰的嘴
　　　巴。动，动辄，经常。食人，吃人，文中指伤害人。

【译文】

　　人的眼睛如同面部的两方水潭，如果神气不深沉含蓄，面部就不
会显得清爽明朗。鼻子如同支撑面部的山梁，如果鼻梁不挺拔，鼻尖
不丰圆，面部就不会呈现机灵聪慧之气。嘴巴宽阔方正，其人有当官
作宰的福气；牙齿细小圆润，适宜在外地发展。两眼秀长直至鬓发的
人，必掌司法大权。秃发谢顶，头与面额相连无限界的人，一般能掌握
财政大权，这些都是富贵的征兆。口吃者无官运，面部肌肤粗糙的人
不会发达。文人左眼有伤，如同文星陷落而难有作为；鼻子如鹰嘴的
人，内心阴狠，动辄伤人，这些都是贫贱的征兆。

【点评】

　　古人根据人与自然同源同理、对应同构的观念，一步一步展开对
世界的认识。在相术中，又将这种思维方式推进了一步，以为不仅人
的一身是天地的缩影，而且人的容貌、手掌等都记录着整个宇宙的信
息。"五岳四渎"和"五星六曜"就是重要代表。

　　"五岳四渎"中的"五岳"是指南岳衡山、中岳嵩山、西岳华山、北
岳恒山、东岳泰山，"四渎"即长江、黄河、淮河、济水。古人习惯于形象
思维，认为一人之身，便是一个小天地。头圆似天，足方像地，两眼则
为日月，口似江河，眉为山林。五岳的构成以饱满高耸、气清色润、相
互朝拱为上相。鼻子要高耸、丰隆、形正，额头应圆隆、高挺，下颏要丰
厚、方阔，左右两颧应圆厚挺起。四渎若好，对五岳会有补救的作用。
眼为河渎，以深长、清秀为上，眼要黑白分明，闪烁神光。耳窍为江渎，
耳要阔深，便于藏纳生气。嘴则要方正有生气，最好上下唇能厚薄一

致,不致有缺,两鼻孔也以圆深不露为佳。

"五星六曜"原为宇宙间几种主要星宿、天象,中国古代相术借以指代人的颜面部位或器官。五星指金星、木星、水星、火星、土星,分别指代人的左耳、右耳、口、鼻、额;六曜指太阳、太阴、月孛、罗睺、计都、紫气,分别指代人的左眼、右眼、鼻梁、左眉、右眉、印堂诸部位。古代相书一般以"五星六曜"指代的部位、器官与所托名的星象特点相符即为吉善之相,反之便为凶厄贫贱之相。如金星、木星为耳,其轮廓分明,色白过面,大小均等为富贵聪明之人,大小不均则为不吉之相。

评判人的命运好坏,主要看处于宇宙整体结构中的人对于自然形态、自然规律的对应与和谐程度。对应有序、合乎自然规律即为上相,反之则为下相。这就是五行生克制化原理,是从人与自然宇宙之间的整体联系来说明五官须成平衡对称的关系。五行生克平衡为命运上佳之相的标志,反之则不合规律,为命运不佳之相。此外,中国古代相术还经常采用飞禽走兽相法,以自然界的飞禽走兽比类取象,将人的相貌分成许多类型,同时分别赋予相应的命理内涵。看相时观察被相者的形貌特征,然后根据所类同的动物类型来测断其命禄前程,其所依据的也是人与自然同源同理、对应同构的"天人合一"观念。古代相术又认为,评判人的命运好坏,还应看人与社会规律的对应和谐程度,合乎社会规律即为上相,反之为下相。

古人相眼,认为目秀而长贵比君王,目长如寸可辅佐圣主,目如凤鸢必做高官,龙睛凤目必享重禄,目光威烈众人归顺,目尾上翘福禄不断,目大而光收成丰登,目短眉长田粮厚丰,目光如电贵不可言,眼似虎盼神圣不可冒犯,黑白分明人必聪慧。概括地说,就是眼形宜长、宜秀,这种眼仕途坦荡,高官厚禄;眼光宜明、宜亮,这种眼禀性聪慧,正直善良；眼神宜严、宜威，这种人众人依附，威不可犯。阴骘纹，位于两眼下的卧蚕部位，又称龙宫、凤袋、泪堂等，又名阴骘宫。阴骘的含义，是指现世积阴功大德、行善做好事。在古人看来，阴骘纹是一个人有无阴德及其大小的晴雨表，也是"变相"的主要依据。《水镜神相》云："阴阳纹现，必主儿孙富贵。"

古人相鼻，将鼻脊至两眼中间处，叫山根；鼻的下端叫鼻准（或叫准头），鼻准与山根之间的中点叫年寿。准头的左右两翼，左为兰台，右为廷尉。宋代《麻衣相法》论鼻说："鼻如悬胆身须贵，土曜当土得地来。鼻头尖小人贫贱，孔仰家无隔宿钱。又怕曲如鹰嘴样，一生奸计不堪言。"意思是说鼻若悬胆将财运亨通，山根饱满贯额，官至三品以上；而准头尖小，鼻孔朝天，是家无隔夜粮的穷相。年寿（鼻梁中间部）高曲准（鼻尖）勾如鹰嘴，则是奸险之人。准头圆润则财多，鼻势高直则尊贵。鼻体匀厚则家兴，鼻梁不正者中年遇困，鼻梁无骨者恐遭夭折。鼻体露骨，准头尖者，多疑且心狠。露脊准头，鹰嘴鼻者，多为恶人之相。鼻孔外露者，一般是败家坏祖业之人。

古人相耳，一般认为两耳垂肩、耳带垂珠、耳门垂厚者，皆命当富贵。耳白过面者，声名远播。耳生毫毛者，富贵寿长。耳大、贴脑、坚厚者，豪门贵族之相。总括来说，耳宜高、宜大、宜坚、宜厚、宜亮。高则福寿，大则英豪，坚则有威，厚则富足，亮则智聪。相反为不善之耳，包括：轮翻廓反、垂珠低反、上大下卷者，为低贱劳碌之相。耳薄如纸者，命易夭折。耳薄向前、两耳招风者，败家之流。耳门窄小、耳巧细微者，贫寒之人。耳轮拼裂、状若开花者，败落漂泊之相。总而言之，耳是忌翻、忌卷、忌小、忌薄、忌裂、忌暗。翻多劳碌，卷多低贱，小多贫寒，薄多病弱，裂多败落，暗多愚鲁。

　　古人相口,有如下说法:口大容拳,口形方阔者,位列高官。口赤如丹者,富享荣华。口不见唇者,仪态威严。口角上弯者,意志刚强。两唇上下平齐叫龙口,为仪态威严之人,终将位列朝班。《相理衡真》说:"口如砂,食如荣华。口如抹丹,不受饥寒。口如红朱,富贵相宜。口如角弓,位至三公。口紫而方,广置田庄。口角不张,缺乏储粮。口不见唇,主有兵权。口大容拳,位至公侯。"口相还需看纹理,据司马迁《史记》记载:"周亚夫自未侯为河内守时,许负相之,曰:'君后三岁而侯。侯八岁为将相,持国秉,贵重矣,于人臣无两。其后九岁而君饿死。'亚夫笑曰:'臣之兄已代父矣,有如卒,子当代,亚夫何说侯乎? 然既已贵如负言,又何说饿死? 指示我。'许负指其口曰:'有从理入口,此饿死法也。'"许负的意思就是:"你脸上有纵纹入嘴,这就是饿死的标志。"周亚夫当时不相信,最终被他的人生道路所证实——封侯、为将相,威重"于人臣无两",但最后却因被冤绝食而死。

卷四　情态鉴

总　论

　　容貌者,骨之余①,常佐骨之不足②。情态者,神之余,常佐神之不足。久注观人精神③,乍见观人情态④。大家举止⑤,羞涩亦佳⑥;小儿行藏⑦,跳叫愈失⑧。大旨亦辨清浊⑨,细处兼论取舍⑩。

【注释】

　① 骨之余:容貌不仅是"骨之余",还是骨、肉、神三者的综合产物。余,外在表现。

　② 佐:辅助,这里是弥补之意。

　③ 久注:久久注目。

　④ 乍见:初一放眼。乍,初,始。

　⑤ 大家举止:指安详静穆、闲雅冲淡的举止。大家,指内在修养和外在风度均达到极高境界的人,如高官显宦、硕儒高僧等。

　⑥ 羞涩:指不善于交际因而缺乏内在冲动和外在激情的情态。

　⑦ 小儿行藏:这里指小孩子又哭又笑、又跳又叫之类的幼稚举动。行藏,形迹,举动。

　⑧ 跳叫愈失:越是用又跳又叫之类的幼稚举动来掩饰真相,越显得幼稚粗俗。

　⑨ 大旨:大处,主要之处。

⑩ 细处：指具体生动的细节和情态。

【译文】

　　容貌是一个人骨骼状态的余韵，常常能弥补其骨骼的缺陷。情态是一个人精神状态的流韵，常常能弥补其精神的不足。长时间观察，主要看其精神；初一观看，先看其情态。像高官显宦、硕儒高僧等贵重之人的行为举止，即便是羞涩之态，也不失大家风范；而像市井小民那样又哭又笑、又跳又叫，越是矫揉造作，越显得轻佻粗俗。看一个人的情态，宏观上要分辨清浊，微观上不但要分辨清浊，还要分清主次，这样才能作出正确取舍。

【点评】

　　"神"与"情态"是里、表关系，"神"蓄含于内，"情态"则显露于外。精神是本质，情态是现象。阅人看相，不仅要准确了解其表现方式和形态，还要把握他们善于隐蔽自己的种种手段，尤其从情态变化中来把握。淮军刚创立时，李鸿章曾带领三个人来拜见曾国藩，次日向他请教观感。曾国藩说："那位脸上长麻子的，将来会有大成就；高个子的也不错，只有矮子前途有限。"李鸿章请他进一步说明，曾国藩于是解释道："他们三人来到后，我要其在大厅外台阶上站着等，过了大约一个时辰，就叫他们走了，始终未与他们正式见面，也未说一句话。这中间我来回走动，借厅内一个穿衣镜观察他们。那个麻子可能认为我不传见，是刻意羞辱，因此咬牙切齿，面红耳赤，似欲殴人，足见他有威武不屈的气概。高个子则一直从容冷静地站着，显现此人沉毅有为。至于那个矮个子，我面对他们时，他规规矩矩站好，我一背过去，他便放松下来，这个人实在没出息。"这三个人，麻子是刘铭传，高个子的是张树声，矮小的姓吴。姓吴的以后作战常畏葸不前、投机取巧，只做到道员。张树声则转战南北，积功升至两江总督，政绩卓著。至于刘铭传，中法越南战争爆发后，他统兵大败法军。其后治台六年，修筑铁路、兴办实业，政绩斐然，遗爱在民，留名青史。可见曾国藩善于把握人的情态，识人之术高明。"久注观人精神，乍见观人情态。"他还总结了几句识人口诀："邪正看眼鼻，真假看嘴唇；功名看器宇，事业看精神；志量看神采，风波看脚跟；如若看条理，全在言语中。"

恒　态

　　有弱态①，有狂态②，有疏懒态③，有周旋态④。飞鸟依人⑤，情致婉转，此弱态也。不衫不履⑥，旁若无人⑦，此狂态也。坐止自如⑧，问答随意⑨，此疏懒态也。饰其中机⑩，不苟言笑⑪，察言观色⑫，趋吉避凶，则周旋态也。皆根其情⑬，不由矫枉⑭。弱而不媚⑮，狂而不哗⑯，疏懒而真诚⑰，周旋而健举⑱，皆能成器⑲；反之⑳，败类也㉑。大概亦得二三矣㉒。

【注释】

　　① 弱态：委婉柔弱的精神状态。

　　② 狂态：狂放不羁的精神状态。"狂放"不同于"癫狂"。

　　③ 疏懒态：指恃才傲物的怠慢懒散的精神状态，但不同于意志消沉、精神委靡。

　　④ 周旋态：指善于与人交往、协调的情态。其中有智有谋，有刚有柔，因而迹近阴险。

⑤ 飞鸟依人：飞鸟，指人工驯化的鸟。这种鸟对主人总是依恋不舍。

⑥ 不衫不履：指衣着不整、不修边幅的样子。

⑦ 旁若无人：指恃才傲物、目空一切的样子。

⑧ 坐止自如：想做什么就做什么，想怎么做就怎么做。

⑨ 问答随意：想说什么就说什么，想怎么说就怎么说。

⑩ 中机：心机。

⑪ 不苟言笑：不随便说笑，形容态度庄重严肃。苟，随便，马虎。

⑫ 察言观色：观察别人的说话或脸色，以揣摩其心意。这里指想方设法了解和掌握对手。

⑬ 根其情：根，根源于、来自于。情，指内心的真情。

⑭ 不由矫枉：不由，不任人随意摆布。矫枉，故意做作。枉，弯曲。

⑮ 媚：曲意奉迎、谄媚巴结。

⑯ 哗：喧哗跳叫、无理取闹。

⑰ 真诚：坦诚纯真而不矫揉造作。

⑱ 健举：柔中带刚、强干豪雄。

⑲ 器：指有用之才。

⑳ 反之：即弱而媚，狂而哗，疏懒而不真诚，周旋而不健举。

㉑ 败类：不成器的废物。

㉒ 大概亦得二三矣：大概，大略，指以上四种情态的大致情形。二三，二三成，指能看出一些苗头。

【译文】

人们通常有以下几种精神状态，即委婉柔弱之态，狂放不羁之态，怠慢懒散之态,圆滑周到之态。弱态一般如同小鸟依人,情致婉转,娇柔亲切。狂态一般是不修边幅,恃才傲物,目空一切。疏懒之态一般是言行随意,不分场合,不论忌宜。周旋之态一般是心机深藏,处处察言观色,事事趋吉避凶,待人接物圆滑周到。这些情态都源于人的真实内心,不由人任意虚饰和造作。如果委婉柔弱而不曲意逢迎,狂放不羁而不无理取闹,怠慢懒散却坦诚纯朴,交际圆滑却强梁能干,到了一定时候,都能成为有用之才;反之,将会沦为无用之人。情态瞬息变化,往往让人捉摸不定,只要能观其大体,今后谁会成为有用人才,谁将沦为无用之人,也能看出二三分。

【点评】

不同类型的人物,有着不同的情态。画家认为"人各有习,习能有宜",有口诀总结道:"美人样:鼻如胆,瓜子脸,樱桃小口蚂蚱眼;慢步走,勿拿手,要笑千万莫张口。贵妇样:目正神怡,气静眉舒,行止徐缓,坐如山立。贱妇样:薄唇鼠眉,剔牙弄带,叠腿露掌,托腮依榻。丫环样:眉高眼媚,笑容可掬,咬指弄巾,掠鬓整衣。贵人样:双眉入鬓、两目精神,动作平稳。富人样:腰肥体重,耳厚眉宽,项粗额隆,行动猪样。寒士样:头小额尖,口小耳薄,两脚如跛。卑者样:口斜胸凸,头低仰视,齿落眉错。武士样:脸如敷粉白面貌,天庭阔来地阁饱,通天鼻梁颧骨高,剑眉凤目威严好,五绺墨髯挂嘴梢。"总之,帝王胄子,臣僚宰相,将帅武官,女冠道士,才子佳人,梨园歌妓,工艺匠人,贤妇烈女,孝子贤孙,儒子学士,鸡鸣狗盗,三教九流,都是贵有贵相,贱有贱相,忠奸有别,文武殊异,强弱分明。

其中,"弱态"之人,性情温柔和善,平易近人,但缺乏阳刚之气,优柔寡断。其长处在于内心敏锐,感受深刻,适宜从事文学艺术事业或宗教慈善事业，但不太适合做开创性的工作。"狂态"之人，愤世嫉俗，耿介高朴，自视甚高。其优点是聪明自信，勇于进取，但过于狂傲而失分寸，又会带来不少麻烦。"疏懒态"者多有才，对世俗公认的行为准则和伦理规范不以为然，对一般人倨傲不恭。其长处多会在学术研究或诗歌创作上有所展现，但因不愿在人际关系方面花费精力和时间，与上司相处多不融洽。"周旋态"之人，智慧高而心机警，待人接物游刃有余，往往能独当一面，是天生的外交家，但因为过于活跃，每每耐不住寂寞。如果一个人的情态不纯粹，不真诚，杂以其他情态，则是坏相。如"弱态"带"媚"，阿谀奉承、溜须拍马，则是小人之相；"狂态"带"哗"，喧嚷跳叫、无理取闹，则是粗俗之相；"疏懒态"无"真诚"，一味狂妄自大，将招祸致灾；"周旋态"无"健举"，城府极深，近似狡诈、阴险之人。

　　弱态的一个典型就是《红楼梦》中的林黛玉，其形象是"年貌虽小，其举止言谈不俗，身体面庞虽怯弱不胜，却有一段自然的风流态度，便知他有不足之症"，"两弯似蹙非蹙罥烟眉，一双似喜非喜含情目。态生两靥之愁，娇袭一身之病。泪光点点，娇喘微微。闲静时如蛟花照水，行动处似弱柳扶风。心较比干多一窍，病如西子胜三分。"特征是轻烟般的细眉、眼中含情、愁容常挂、形体瘦弱，在《麻衣相法》中是薄命之相，所谓神不足者："不愁似愁，常如忧戚。不睡似睡，才睡便觉。不哭似怖，忽如惊怖。不嗔似嗔，不喜似喜……神不足者，多遭牢狱枉厄，官亦主失位矣。"林黛玉先是幼弟过世，后父母双亡，与《麻衣相法》所说"眼不哭而泪汪汪，心无忧而眉缩缩，早无刑克，老见孤单"，亦相符合。由"娇喘微微"可推断其声气微弱，《红楼梦》第二十六回林黛玉于怡红院外叫门，脂砚斋批注云："想黛玉高声亦不过你我平常说话一样耳。"声音响亮为富贵之人，由此可反推林黛玉之命薄运蹇。

时　态

　　前者恒态①，又有时态②。方有对谈③，神忽他往④，众方称言⑤，此独冷笑——深险难近⑥，不足与论情⑦。言不必当⑧，极口称是⑨，未交此人，故意诋毁⑩——卑庸可耻，不足与论事。漫无可否⑪，临事迟回⑫，不甚关情⑬，亦为堕泪——妇人之仁⑭，不足与谈心。三者不必定人终身⑮。反此以求⑯，可以交天下士。

【注释】

　　① 恒态：人们在生活中经常出现的情态。

　　② 时态：人们生活中不经常出现的情态。

　　③ 方有对谈：方，正，正在。对谈，面谈。

　　④ 神忽他往：神，指目光，眼神。他往，目光移往别处。

　　⑤ 众方称言：众人言笑正欢之际。

　　⑥ 深险难近：深，指城府很深。险，指居心阴险。

　　⑦ 论情：指建立友情。

　　⑧ 言不必当：必，一定。当，妥当，正确。

　　⑨ 极口称是：极口，连声，一声接一声。

　　⑩ 诋(dǐ)毁：对别人进行恶意诽谤和诬蔑。

　　⑪ 漫无可否：漫，本义为无边无际，这里指无论做什么或对什么

事。可否,指发表肯定或否定的意见。

⑫ 临事迟回:临事,事到临头。迟回,迟疑不决或犹豫不前。

⑬ 关情:牵动感情。

⑭ 妇人之仁:指不合情理和法度的仁爱之心。

⑮ 三者不必定人终身:三者,指以上三种时态,即"深险难近,不
　　足与论情"、"卑庸可耻,不足与论事"和"妇人之仁,不足与谈
　　心"。不必,不一定。定人终身,指决定终身的命运。

⑯ 此:指以上三种情态。

【译文】

　　前文说的是在生活中经常出现的情态,除此之外,还有几种不经
常出现的情态。如跟人正交谈时,他却忽然把目光转向其他地方去
了,足见其毫无诚意;众人言笑正欢,他却漠然冷笑,足见其冷峻寡情。
这种人城府很深,居心险恶,不可与之交好。别人发表的意见不论对
否,他都当面极口称赏,足见其胸无定见;虽未曾与人交往,他却在背
后诽谤诬蔑,足见其不负责任。这种人卑鄙下流,不能与之合作共事。
遇事不置可否,而事到临头却迟疑不决,足见其优柔寡断;遇到一点小
事,他却大动感情,伤心流泪,足见其缺乏自制。这种人多是"妇人之
仁",不能与他们推诚交心。但是,以上三种情态不一定能决定其终身
命运。如果能够反而求之,找到足以论情者、足以论事者和足以谈心
者,并以此为准绳与人打交道,那么几乎可以遍交天下英雄豪杰而不
失人了。

【点评】

　　《大戴礼记·曾子制言》说:"蓬生麻直,不扶自直;白沙在涅,与
之皆黑。"可见朋友的优劣高下,对一个人德业的崇卑,学养的丰歉,实

有举足轻重的影响。孔子曾说过,君子懂得的是义,小人懂得的是利;君子想的是道德和法度,小人想的是乡土和恩惠。孔子乐于交友,目的是"以友辅仁"。同时,他又告诫弟子,对所交之友还须分清稂莠,以趋利避害。在交朋友之前,首先要确认所交之友是益友还是损友。《论语·季氏》篇中对此曾有阐述:"益者三友,损者三友。友直,友谅,友多闻,益矣。友便辟,友善柔,友便佞,损矣。"意思是说:有益的朋友有三种,有害的朋友也有三种。同正直的人交朋友,同诚实的人交朋友,同博学多闻的人交朋友,就对自己有益。同善于谄媚逢迎的人交朋友,同当面恭维而背后诽谤的人交朋友,同惯于花言巧语、夸夸其谈的人交朋友,就对自己有害。管宁割席的故事,就生动反映了古人的择友观。据刘义庆《世说新语》记载,管宁与华歆一道在园中锄菜,看到地上有片金子。管宁照旧挥锄劳作,把金子看得跟瓦石没什么两样,而华歆却捡起来又扔了出去。又有一次,他们一块儿坐在一张席上读书,这时有达官显宦乘坐华贵车子经过门前,管宁一动不动,照旧读书,华歆却放下书出去看。管宁于是将席割成两半,与华歆分开坐,对华歆说:"你不是我的朋友。"本节关于这三种不经常出现的情态的描述,可供我们判断一个人的性情,识破生活中的那些奸佞之人,找到足以论情、论事和谈心的人,结交真正的朋友。

晏婴也说过那些邪恶奸诈的人,侍奉国君,谄媚迎合而不尽忠心;交朋结友,无原则地凑合,不干好事。以阿谀阴险的手段谋取私利,与奸诈之徒结党营私。夸耀自己的权势俸禄,来凌驾于别人之上;用铺张礼仪、装饰门面等手段来哗众取宠,招摇过市。不被重用时,就轻率地议论朝廷;与朋友相处不融洽时,就在背后诽谤。所以,在朝廷为官,老百姓就遭殃;在下面做事,就危及君王。因此,让这种人辅佐君王，简直是罪过；这种人和谁交朋友，谁就要大祸临头。这种人得到重用，会带来耻辱，任其发展会破坏刑律。所以，这种人在朝为官就会滥杀无辜，在下行事就会谋害君王。本文关于这三种不经常出现的情态的描述，可供我们判断一个人的性情，识破生活中的那些奸佞之人，找到足以论情、论事和谈心的人，结交真正的朋友。

"凡相之法，看其所作。虽有好相，犹须好行。行若不善，损相毁伤也。"裴度还带的故事，生动地说明了这一点。唐朝中书令晋国公裴度，长得又瘦又小，多次在功名场上受挫。正好有个相面的人在洛中，被士大夫官员称颂推崇。裴度特意拜访了他。问命，相面的人说："你的相貌神采同一般人稍有不同，如果不作达官贵人，就会饿死。现在还看不出来贵处，可再过些天来访，我给你仔细看看。"裴度答应了。有一天他出去游览香山寺，徘徊在走廊和侧房之间。忽然看见一个妇女把一件丹黄色贴身单衣放在寺庙的栏杆上，祈祷祝愿很长时间，瞻仰拜谢之后走了。过了一会儿，裴度才看见那件单衣还放在原处，知道是那个妇女遗忘了，追上送给她已经来不及，于是就收起来，等待那妇女返回再还给她。太阳已经落山了还不见来，裴度就带回到旅馆。第二天早晨，又带着那件衣服去了。寺门刚开，就看到昨天那个妇女急急忙忙跑来，茫然失措，惋惜长叹。裴度上去问她出了什么事。妇女说："我的父亲没有罪被拘押起来，昨天有个贵人给我二条玉带，一条犀牛带，价值一千多串钱，打算用它来贿赂主管的人，不幸丢失了，这样我父亲就要大祸临头了。"裴度仔细追问那些东西的颜色、形状，都答对了，就将物品还给她。妇女哭着拜谢，请裴度留下一条，被裴度婉拒了。不久他又到之前相面的人那里，相面人仔细审看后，发现裴度的声音和脸色都改变了，惊叹说："你一定是积了大阴德，前途不可限量！"后来，裴度果然位居高官。

卷五　须眉鉴

总　论

　　"须眉男子"①,未有须眉不具可称男子者。"少年两道眉②,临老一副须③。"此言眉主早成,须主晚运也④。然而紫面无须自贵⑤,暴腮缺须亦荣⑥:郭令公半部不全⑦,霍骠骁一副寡脸⑧。此等间逢⑨,毕竟有须眉者,十之九也。

【注释】

① 须眉:须,胡须。嘴唇下为"须",主官运;颐颊部为"髯",主禄寿。眉,眉毛。眉有"轻清眉"、"尖刀眉"、"八字眉"等二十四种不同形状,各有不同的主运。须眉是男子气概的重要标志,代表了人的面部威仪,可以由它推断贤愚。

② 少年两道眉:年轻时眉毛昂扬,主要看其两道眉毛。"眉"属胆,胆属火,"眉性阳刚而近火,故上生而宜昂"。

③ 临老一副须:中老年时期胡须旺盛,主要看其胡须。"须"属肾,肾属水,"须性阴柔而近水,故下长而宜垂"。

④ 须主晚运:须旺于中老年时期,所以中老年人着重看须相。

⑤ 紫面无须自贵:面呈紫色的人,没有胡须也能富贵。"紫面"人是金形人,带火相,因金色白,火色红,紫是火炼金之色。紫面人气血充沛,性情刚烈,因而事业往往有成。

⑥ 暴腮缺须亦荣:腮部暴突者,缺少胡须也会荣显。暴腮,即"燕

颌"。腮属水,暴腮之人,水必有余,主大福大贵。在古代,燕颌虎头是封侯的贵重之相。

⑦ 郭令公半部不全:唐代名将郭子仪,曾任中书令,世称"郭令公"。因平定"安史之乱"有功,多次受朝廷封赏,权倾朝野,富甲天下。眉、须两相中,须相占一半,因其须相不佳,故说"半部不全"。

⑧ 霍骠骁一副寡脸:汉代名将霍去病,曾任骠骑将军,封冠军侯。传说中他的须相也不佳。关于郭子仪、霍去病须相不佳的传说,正史并无记载。

⑨ 此等间逢:以上情况偶尔才能见到。此等,这一类,指上文所说的"紫面无须自贵,暴腮缺须亦荣"和"郭令公半部不全,霍骠骁一副寡脸"。间,间或,偶然。

【译文】

人们经常说"须眉男儿",是将胡须和眉毛当作了男子的代称,还从未见过将那些既无胡须又无眉毛的人称为男子。俗话说:"少年两道眉,临老一幅须。"意思是说一个人青少年时期的命运如何,主要看他的眉毛之相;中老年时期的命运如何,主要看他的胡须之相。但也不是没有例外,如果面呈紫气,即便没有胡须,也会富贵荣显;两腮突露,即便胡须稀少,也会功成名就:如唐朝名将郭子仪虽然胡须稀少,却位极人臣,富甲天下;汉代名将霍去病虽然没有胡须,一副寡脸相,却功高盖世,青史流芳。但这种情况只是极少数,男人中胡须和眉毛俱全而功成名就的,毕竟占了百分之九十以上。

【点评】

胡须,俗称胡子,泛指生长于男性上唇、下巴、面颊、两腮的毛发。

如果要仔细区分,"胡"本来是指长在嘴边的毛,而上唇的称为"髭"（又叫"八字胡"、"八字须"、"两撇胡"），下巴的叫"山羊胡"，两鬓连至下巴的叫"落腮胡"（又叫"络腮胡"、"连须胡子"），两颊上的叫"髯"，蜷曲的叫"虬髯"。古代,人们普遍认为胡须是权力、智慧、阳刚和长寿的象征。根据胡须的色泽和形状,可以大体判断一个人的性格和命运。黑色的胡须,代表勇敢,富有行动力。稀疏的胡须,文职发达,具有理性。褐色的胡须,代表聪明,才艺超群,且情感丰富。粗硬的胡须,单纯正直,性急容易招怨。没有光泽的胡须,性情不定,诸多反复。有光泽且柔细富有弹性的胡须,性格高贵,多得人助。浓密粗硬、长到喉咙的胡须,多半具有雄心和远大志向。

眉毛既看上去美观,又反映了一个人的身体状况和精神状态,预示了其命运前程。眉以疏朗、细长、秀美为佳。眉毛细软、平直、宽长者是聪明、长寿和尊贵的象征,而眉毛粗硬、浓密、逆生、散乱、短促、攒缩者,是愚蠢、凶顽、横死之相。

胡须和眉毛,在古代有以下几方面的价值。一是生命力旺盛的象征。"须"属肾,胡须丰满美丽正是肾水旺、肾功能强的表现,也是一个人身体健康和精力旺盛的重要条件。身体健康,精力旺盛,一般会事业有成。古人以多子多孙为福,而肾功能强,自然就容易多子多福,晚年养老有保障。二是精神状态的表现。少年得志的人眉毛昂扬,而老来幸福的人胡须润泽,正是生活幸福、精神充实的表现。因此,不是说须眉主富贵,而应说须眉好是精神好的表现。三是个人形象的代表。眉是"两目之华盖,一面之仪表",一个人的健康状况、性格气质、贵贱贤愚都可通过眉毛和胡须显示出来。眉、须之相佳,人就显得英俊秀挺,易给人留下美好深刻的印象,增加成功的机会。

　　须眉之鉴，也有助于认识头发之相。人们对头发的研究证明，其与人之性格、情感、健康等有关。科学家通过对头发的研究，发现发质细软的人往往个性温和，发质粗硬的人大都个性刚强，头发色泽越亮，情感越丰富，发色灰黄，则情感较淡薄。相术也根据发相谈及个性、智力、健康，同时以其推演人的贵贱、贫富、吉凶等。如认为人的头发如山之草木，草木盛则山岳被遮蔽不明，故头发细而密、短而润、黑而光、秀而香者为贵人之相；反之，色黄者多妨克，色赤者多灾祸，发硬者性刚，发枯焦者孤贫，发卷者性狡，发际高者性和，发细润者求官易得，发硬如猬毛者为人不忠，等等。

眉

　　眉尚彩①，彩者，杪处反光也②。贵人有三层彩③，有一二层者。所谓"文明气象"④，宜疏爽不宜凝滞⑤。一望有乘风翔舞之势⑥，上也；如泼墨者⑦，最下。倒竖者⑧，上也；下垂者⑨，最下。长有起伏⑩，短有神气⑪；浓忌浮光⑫，淡忌枯索⑬。如剑者掌兵权⑭，如帚者赴法场⑮。个中亦有征范⑯，不可不辨。但如压眼不利⑰，散乱多忧⑱，细而带媚⑲，粗而无文⑳，是最下乘。

【注释】

　　① 眉尚彩：眉毛崇尚光彩。尚，崇尚。彩，光彩。

　　② 杪处反光也：眉毛的末梢部闪现出亮光。杪处，指眉毛的梢部。杪，末端。反光，指鸟兽特别是珍禽异兽羽毛末梢浮现的

绚丽的光彩,是生命力旺盛的象征。鸟兽羽毛的末梢处能显示光亮,特别是虎、豹、孔雀等珍禽异兽,光彩鲜艳,能显示其在动物界的位置和层次。

③ 贵人有三层彩:一般人只有两层或一层彩,只有富贵之人才有三层彩。眉有三层彩,眉毛根处一层,中处一层,梢处一层。人的等级由"彩"的层数来区分。

④ 文明气象:指人类由野蛮时代进入文明时代的气象。随着社会的进步和人类的进化,人类身体的毛发明显减少,这是文明的表现。

⑤ 宜疏爽不宜凝滞:眉要清秀润朗,不宜厚重板滞。疏爽,疏密有致、清秀爽洁。凝滞,凝结厚重、浓密呆滞。龙眉、剑眉、柳叶眉、卧蚕眉、新月眉等为疏爽眉形,而扫帚眉、八字眉、鬼眉等则为凝滞眉形;"疏爽"是"清秀"的表现,而"凝滞"则是"俗浊"的表现。

⑥ 一望有乘风翔舞之势:眉毛远望去像凤凰乘风翱翔,如龙在腾空飞舞,生动传神。这种眉相一般是秀长有势、昂扬有神、疏爽有气、秀润有光,如龙眉、剑眉、新月眉等就属于此类。

⑦ 如泼墨者:眉毛望去像是一团散乱的墨迹,无势、无气、无神、无光。泼墨,眉相如同倒在地上的墨迹,乱七八糟,丑陋不堪,如鬼眉、尖刀眉、扫帚眉等就属于此类。

⑧ 倒竖:指"倒八字眉"。这种眉相迥然有神、威武刚猛,体现了主人刚强坚毅、积极进取的精神风貌,故为上佳之相。

⑨ 下垂:指"八字眉"。下垂之眉,眉相形同"八"字,这种人性格懦弱,为人卑劣,多是贫贱低下之人,故为最下之相。

⑩ 长有起伏：指眉毛细长有起伏，弯而有势，其人性格稳健，既能享受富贵，寿命亦长。如果眉毛过长却没有起伏变化，其人多脾气火爆、好勇斗狠。长，指眉毛相对于面部显得较长。

⑪ 短有神气：眉毛如果短的话，应昂然有精神和气势。短，指眉毛相对于面部显得较短。"长有起伏，短有神气"两句中均省略了一个"宜"字，应该是"长宜有起伏，短宜有神气"。

⑫ 浓忌浮光：眉毛如果比较浓的话，不应有虚浮之光。眉毛浓而虚浮泛光，是缺乏生气的表现。浮光，虚浮之光。

⑬ 淡忌枯索：眉毛如果比较淡的话，不能像干枯的绳子。这种眉相无势、无神、无光、无气。枯索，即枯干的绳子。

⑭ 如剑者掌兵权：双眉如两把锋利的宝剑的人，将会贵为将帅。掌兵权，指作为将帅统领三军。

⑮ 如帚者赴法场：眉相形同两把破旧的扫帚的人，会有杀身之祸。赴法场，指有杀身之祸。

⑯ 个中亦有征范：这里面还有各种各样的迹象和征兆。个中，其中。征范，迹象，预兆。

⑰ 压眼不利：指眉毛过长，压迫、遮盖住了眼睛，使目光显得晦涩昏暗。

⑱ 散乱多忧：指眉毛又多又杂，乱七八糟，显得干枯破败。

⑲ 细而带媚：指眉形过于纤细又带有媚态，其人阴柔太过，阳刚不足。

⑳ 粗而无文：指眉形粗壮宽阔而无文秀之气。

【译文】

　　相看眉毛主要看其光彩，光彩就是眉毛梢部闪现出的亮光。富贵之人眉毛的根部、中部和梢部共有三层光彩,也有的人只有两层或一层光彩。通常说的"文明气象",就是指眉毛要疏密有致、清秀润朗,避免厚重呆滞、又浓又密。远远望去,像两只凤凰乘风翱翔,如同一对蛟龙腾空飞舞,这是上佳的眉相;如果像一团散乱的墨迹,乱七八糟,则是最下等的眉相。双眉倒竖,呈倒八字形,是上佳的眉相;双眉下垂,呈八字形,是下等的眉相。眉毛如果较长,就要有所起伏,如果较短,就应昂然有神;眉毛如果浓密,不应有虚浮之光;如果散淡,切忌形状像条干枯的绳子。双眉如果像两把锋利的宝剑,其人将会成为统领三军的将帅;双眉如果像两把破旧的扫帚,其人将会有杀身之祸。另外,这里面还有其他种种迹象和征兆,不可不认真辨识。但是,如果眉毛过长压迫到了双眼而使目光显得迟滞,眉毛散乱而使目光显得散漫无神,眉形过于纤细以致带有媚态,眉形过于粗阔而失去了文秀之气,这些都属于最下等的眉相。

【点评】

关于眉毛所表现的身体语言,主要有五种形态:一是表现恐惧、惊吓的眉毛上耸型;二是表现愤怒的眉角下拉型;三是困窘、不愉快时,表现不赞成意思的眉毛并拢型;四是做出询问表情的斜弯型;五是充满亲切,表示同意时的迅速上下动作型。

古人相眉,总括《麻衣相法》的论法,就是一看浓淡,二看清杂,三看眉形。相理认为下列之眉相多为善相:眉毛长垂,高寿之相;眉长过目,忠直福禄;眉如弯弓,性善富足;眉清高长,声名远扬;眉如新月,善和贞洁;眉角入鬓,才高聪俊。概括来说,眉毛宜长、宜秀、宜清、形宜弯。长则寿高,秀则福禄,清则聪颖,弯则善洁。如果眉短于目,性情孤僻。眉骨棱高,多有磨难。眉散浓低,一生孤贫。眉毛中断,兄弟离散。眉毛逆生，兄弟不和。眉交不分，年岁难久。短促不足，漂泊孤独。概括来说，眉忌短、忌散、忌杂。短则贫寒，散则孤苦，杂则粗俗。

不佳的眉形主要有以下几种。一是散财眉，接近尾部的眉毛较散乱。拥有此眉相的人，往往财来财去，缺乏理财智慧。二是交连眉，即两条眉毛的眉头有力地联结起来，一般是眉心较窄而气量狭小，事业上难有大成就。三是黄薄眉，眉毛稀疏浅薄，眉色呈棕色或啡黄，此种眉形的人工于心计，利害得失之心非常重。四是交加眉，在眉的中间或尾部另叉开了一条眉毛，既像叉子，又像两条眉毛交加在一起。有这样眉的人，常会经受亲人至爱的生离死别之苦。五是杂乱眉，只要眉毛一杂乱，任眉形怎样有势，眉目如何相配，眼睛就算生得再好，也将受到不同程度的不良因素破坏，做事往往会弄巧成拙。六是尖刀眉，眉头倾斜往上，形状如尖刀状，其人一般性情乖戾暴躁，喜怒无常。七是重压眉，眼眉特别粗浓，眉低压目，眉眼之间为浓眉所遮盖，其人个性急躁，缺乏自信心。

眉毛要与眼睛相搭配协调。《红楼梦》中王熙凤有一双凤眼，本是吉相。据《麻衣神相》说："凤眼波长贵自成，影光秀气又神清。聪明智慧功名遂，拔萃超群压众英。"长着一双细长的凤眼，是一种富贵的模样，眼神清澈，神气清秀。但她"眼有三角，狠毒孤刑"。三角眼的人一般心狠手辣，对夫君子女不利。王熙凤的眉毛是柳叶眉，本也是吉相。根据《麻衣神相》的说法："眉粗带浊浊中清，友交忠信贵人盼。骨肉情疏生子迟，定须发达显扬名。"柳叶是指眉毛粗中带点逆毛，逆中又显清顺，这样的人对朋友忠诚守信用，贵人愿意亲近。但对自家骨肉亲爱不足，子息上困难。她还是掉梢眉，就是眉外梢下垂，带点儿八字眉的样子，而这种眉毛预示着主人"头疏尾散压奸门，到老数妻结不缘。财帛一生足我用,子息终须依螟蛉"。螟蛉,代指养子。额头处眉毛稀少,眉尾处松松连到外眼角处,这样的人一生中虽娶妻,却没有白头到老的缘分。虽然一生中不缺少钱财,但自己孩子的生活最终还要依仗别人。由此可见,眉眼之相正是王熙凤一生命运的写照。

须

须有多寡①,取其与眉相称②。多者,宜清、宜疏、宜缩、宜参差不齐③;少者,宜光、宜健、宜圆、宜有情照顾④。卷如螺纹⑤,聪明豁达;长如解索⑥,风流显荣;劲如张戟⑦,位高权重;亮若银条⑧,早登廊庙⑨。皆宦途大器⑩。紫须剑眉⑪,声音洪壮,蓬然虬乱⑫,尝见耳后,配以神骨清奇⑬,不千里封侯⑭,亦十年拜相⑮。他如"辅须先长终不利"⑯、"人中不见一世穷"⑰、"鼻毛接须多滞晦"⑱、"短髭遮口饿终身"⑲,此其显而可见者耳⑳。

【注释】

① 须有多寡:人的胡须有多有少。寡,少。

② 取其与眉相称:胡须多少并不重要,重要的是要和眉毛匹配,协调。称,协调,匹配。

③ 宜清、宜疏、宜缩、宜参差不齐:胡须如果多,就应清新明快,疏朗有序,不直不硬,长短相得益彰。清,清新清爽,干净利落。疏,疏朗有致,不丛杂散乱。缩,弯曲得当,不直不硬。参差不齐,有长有短,配合得当,错落有致。

068

④ 宜光、宜健、宜圆、宜有情照顾:如果胡须少,就要清新润泽,刚劲健壮,气韵生动,并与其他部位互相照应。光,润泽清秀。健,刚劲康健。圆,圆润生动。有情照顾,胡须与眉毛、头发等部位整体协调一致。

⑤ 卷如螺纹:卷曲的胡须如同螺丝纹的形状。

⑥ 长如解索:胡须像断裂后的绳子,有许多弯曲。解索,断裂与磨损后的绳子。

⑦ 劲如张戟:胡须如同两军对阵时的剑拔戟张之气势。劲,刚健有力。张,张开。戟,古代的一种兵器,实际上是戈和矛的合成体,它既有直刃又有横刃,呈"十"字或"卜"字形,因此戟具有钩、啄、刺、割等多种用途,其杀伤能力胜过戈和矛。

⑧ 亮:明亮清新。

⑨ 早登廊庙:胡须生命力旺盛,气色润朗,一片生机,这样的人文秀多才,将位居高官。登廊庙,指位居高官。廊庙,代指朝廷。廊,宫殿四周的走廊,古代皇帝和群臣商议朝政的地方。庙,王宫的前殿和朝堂,又称太庙。

⑩ 宦途大器:宦途,仕途,官场。大器,大才,大人物。

⑪ 紫须剑眉:胡须的颜色黑中透红,再加上有剑形的眉毛。古人认为,"紫须"配"剑眉",再加上洪亮的声音,是金形得金局,主大贵。紫须,胡须的颜色发紫。剑眉,眉形秀长如剑,一脸正气,气势威严又让人感觉亲近。

⑫ 蓬然虬(qiú)乱:胡须像虬须那样蓬松、劲挺又散乱,并且有时还长到了耳朵后面。这种人一般气宇轩昂,威德兼备。蓬然,蓬松的样子。虬乱,像虬的须那样坚挺散乱。虬,传说带角的

小龙。

⑬ 神骨清奇：清爽的精神和奇佳的骨骼。

⑭ 千里封侯：被封为拥有千里之地的王侯。

⑮ 十年拜相：可当十年之久的宰相。

⑯ 辅须先长终不利：辅须先长，是秩序颠倒、本末倒置之相，不吉。辅须，即生于下巴、两腮边的胡须。

⑰ 人中不见一世穷：人中不长胡须，一生一世受穷挨饿。人中不见，即人中没有须，其人无威。

⑱ 鼻毛接须多滞晦：鼻毛与胡须相连，命运不顺，前途渺茫。鼻毛接须，是土克水之相，不吉。

⑲ 短髭（zī）遮口饿终身：短胡须遮挡住了嘴，一辈子受穷挨饿。短髭遮口是"垂帘"之格，主无禄。

⑳ 此其显而可见者：以上这些，都是显而易见的。

【译文】

有人胡须较多，有人胡须较少，但无论多少，都要和眉毛搭配协调。胡须多的，应当清新明快，疏朗有序，不直不硬，长短相得益彰；胡须少的，应润泽光亮，刚健挺直，气韵生动，并与眉毛、头发等部位协调照应。胡须如果像螺丝一样弯曲，其人聪明有远见，豁然大度；胡须如果像磨损的绳子一样弯曲蓬乱，这种人生性风流倜傥，但没有淫乱之心，将来会功成名就；胡须如同一把张开的利戟那样气势森然，将来就会位至高官，掌握重权；胡须如果像闪闪发光的银条那样清新明朗，年纪轻轻就会成为朝中大臣。这些都是仕途官场上才高器大的人物。如果一个人的胡须呈紫色，眉毛如利剑，声音洪亮；或者胡须蓬松劲挺散乱，并且有时还长到了耳后，再配上一副清爽俊朗的骨骼与精神，即使不会封侯千里，也能当十年的宰相。此外,如果辅须先长出来,一般没有好下场;人中没有胡须,一辈子受苦受穷;鼻毛连接胡须,命运不顺,前景暗淡;短胡须遮住了嘴,一辈子忍饥挨饿。这些胡须的凶相显而易见,这里不再详说。

【点评】

胡须有不同的分类和名称,上唇生的为髭,下唇生者为须,下巴生者为髯,颐颊生者为胡,耳旁生者为鬓。髭、须、髯、胡、鬓都以黑亮、白润、金黄、紫红、清疏、柔细为吉,以枯黄、灰白、赤红、浓浊、枯燥、粗硬为忌。按照相书的说法,吉者事业大成,贵人帮扶;忌者诸事运蹇,六亲刑克。具体来说就是:髭、须、髯、胡,粗浓者主血气旺,柔软者品性优良,黑亮者富贵顺遂,白润者子贤孙孝,干燥者运蹇,过硬者无谋,杂色者是非多,棕红黄褐性急,人中没髭做事少力,络腮者中年波折。需要指出的是,须相有数忌:忌尖下巴蓄髯,忌蓄棕红黄褐色胡须,忌胡须锁口,忌胡须锁喉。

《黄帝内经》云:"美眉者,足太阳之脉血气多;恶眉者,血气少也。……审察其行气有余不足而调之,可以知逆顺矣。"依中医理论解释,眉毛秀美正是人体气血丰足的表现,而气血丰足之人自然生命力旺盛。雄性荷尔蒙睾丸素让男性的下巴和眉骨长得非常突出,而且脸上的毛发也多。这种荷尔蒙能够促进免疫系统,而且能把能量转化到肌肉上。须眉旺盛意味着睾丸素旺盛的男性有更强大的免疫系统,而且能够摄取足够的营养。

胡须和眉毛都是面部的重要组成部分。胡须不管多与少,都必须和眉毛相称。眉毛多的话,胡须也要多;眉毛少,胡须也要少。胡须和眉毛相称为上相,不相称为下相。相称相合,显得匀称、均衡,使整个形体呈完美之相。相称为有成之相,反之则为无成之相。

卷六　声音鉴

总　论

　　人之声音①,犹天地之气,轻清上浮,重浊下坠。始于丹田②,发于喉,转于舌,辨于齿,出于唇,实与五音相配③。取其自成一家,不必一一合调。闻声相思,其人斯在,宁必一见决英雄哉④!

【注释】

　　① 声音:由物体振动而发生的声波通过听觉所产生的印象,这里指说话的声气和口音。"声"与"音"密切相关,又有本质区别。"声"来自于"物","音"则来自于"声"。古人认为声音的大小、长短、缓急、清浊等与人的命运息息相关。

　　② 丹田:人体部位名。道教称人体有三丹田:在两眉间者为上丹田,在心下者为中丹田,在脐下者为下丹田。古人称精气神为三宝,视丹田为储藏精气神的地方,因此对丹田极为重视,有如"性命之根本"。

　　③ 五音:指宫、商、角、徵(zhǐ)、羽五音,也代指汉语的发音。在古代,五音配以五行对应土、金、水、木、火以及中、西、北、东、南。五音之中,宫属土,商属金,角属木,徵属火,羽属水,其中宫声沉厚,商声和润,角声高畅,徵声焦烈,羽声圆急。古人认为,声音的五行属性与人的形体的五行属性和特征相符合为吉

祥、富贵、良善,否则是不吉或贫贱、凶恶。

④ 宁必一见决英雄:宁,何必。决英雄,是英才还是庸才。英雄,
聪明秀出为英,胆力过人为雄。

【译文】

人的声音与天地间的气息一样,也有清浊之分。清声轻而上扬,
浊声重而下沉。声音起于丹田,在喉处发声,在舌处转化,在牙齿处发
生清浊之变,才由唇部发出,这一切都与宫、商、角、徵、羽等五音密切
配合。相人的时候,听其声音,要辨识其独特之处,不一定要完全与五
音相符。要能听到声音就知其为人,不必非得见面才能分辨出他究竟
是英才还是庸才。

【点评】

声音的生理基础由肺、气管,喉头、声带,口腔、鼻腔三大部分构
成,声音发生的动力是肺,肺决定气流量的大小,音量的大小主要由喉
头和声带构成的颤动体系决定,音色主要取决于由口腔和鼻腔构成的
共鸣器系统。“声音”是体内气流运动引起专用带的振动发生的,古人
认为“声音”的变化是由于心气的作用。《礼记》记载说:“凡音之起,
由人心生也。人心之动,物使之然也。感于物而动,故形于声。声相
应,故生变。”不但声音与气能结合,也和音乐相呼应。因为声音会随
内心变化而变化,所以可以从一个人的声音判断他的内心世界。《逸
周书》早已指出,内心不诚实的人,说话声音支支吾吾,这是心虚的表
现;内心诚信的人,说话声音清脆而且节奏分明,这是坦然的表现;内
心卑鄙乖张的人,心怀鬼胎,因此声音阴阳怪气,非常刺耳;内心宽宏
柔和的人,说话声音温柔和缓,如细水长流,不紧不慢。因此,《大戴礼
记》记载商汤曾通过声音选取人,刘劭《人物志》也记载了通过声音选

人的方法。

声音与说话人当时的心理活动密切相关,大小、轻重、缓急、长短、清浊等变化都与人的心性息息相关,如内心清顺畅达时声音清亮和畅,内心渐趋激动之时言语偏激,这正是闻声识人的基础。由于先天禀赋以及后天修养的不同,声音在一定程度上体现了一个人的健康状况与文化品格。

声

声与音不同①。声主"张"②,寻发处见③;音主"敛"④,寻歇处见⑤。辨声之法,必辨喜怒哀乐⑥。喜如折竹,怒如阴雷起地,哀如击薄冰,乐如雪舞风前,大概以"轻清"为上⑦。声雄者⑧,如钟则贵,如锣则贱;声雌者⑨,如雉鸣则贵,如蛙鸣则贱。远听声雄,近听悠扬;起若乘风,止如拍琴⑩,上上。"大言不张唇⑪,细言不露齿"⑫,上也。出而不返,荒郊牛鸣⑬;急而不达,深夜鼠嚼⑭;或字句相联,喋喋利口⑮;或齿喉隔断,喈喈混谈⑯。市井之夫⑰,何足比较?

【注释】

① 声与音不同:古人认为,开口之初所发出的声音谓之"声",口的动作停止之后,声音在空中留下一段袅袅余韵是"音"。在现代生理学和物理学意义上"声"与"音"是同一概念,本质相同。

② 声主"张"：声来自发音器官的启动。张，开，启动。

③ 寻发处见：可以在发音器官启动的时候听到它。见，听见。

④ 音主"敛"：音来自发音器官的闭合。敛，收，合。

⑤ 寻歇处见：可以在发音器官闭合的时候听到它。歇，止。

⑥ 喜怒哀乐：欢喜、恼怒、悲哀、快乐，泛指人的各种不同的感情。《礼记·中庸》："喜怒哀乐之未发谓之中，发而皆中节谓之和。"

⑦ 轻清：轻柔清朗。

⑧ 声雄：声音刚健激越。

⑨ 声雌：声音柔和悠扬。

⑩ 拍琴：弹琴。

⑪ 大言不张唇：谨慎稳重、学养深厚的表现。

⑫ 细言不露齿：温文尔雅、精爽干练的表现。

⑬ 荒郊牛鸣：像荒郊野外的牛在鸣叫。

⑭ 深夜鼠嚼：像夜深人静时候老鼠偷吃东西发出的声响。

⑮ 喋喋（dié）利口：说话多，没完没了又声急嘴快的样子。

⑯ 嗒嗒（jiē）混谈：吞吞吐吐、含混不清的样子。嗒嗒，本义为鸟鸣声，这里是嗫嚅的意思。

⑰ 市井之夫：粗鄙庸俗之人。

【译文】

　　"声"和"音"看似密不可分，其实并不是同一个概念。声产生于发音器官启动时，可在发音器官启动时听到它；而音产生于发音器官闭合时，可在发音器官闭合的时候感觉到它。辨识声相优劣高下的方法很多，但一定要着重根据人的喜怒哀乐等情绪来仔细甄别。欣喜的声音如同翠竹折断,清脆悦耳;愤怒的声音如同平地炸雷,豪壮激烈;悲哀的声音如同击破薄冰,破碎凄切;欢乐的声音如同风中飞雪,轻盈洒脱。这些声音的共同特点是轻扬而清朗,属上佳之音。阳刚之声,如果刚健激越,像钟声一样洪亮沉雄就高贵,而像锣声一样轻薄浮泛就卑贱;阴柔之声,如果是温润柔和,像鸡鸣一样清越悠扬就高贵,而像蛙鸣一样喧嚣空洞就卑贱。远远听去,刚健激越,充满阳刚之气,而近处听来却温润悠扬,充满柔婉之致;声起的时候如同乘风而起,悦耳动听,止的时候却如同琴师弹琴,雍容自如,这才是上乘的声相。"高谈阔论却不大张其口,低声细语牙齿却含而不露",这也是上乘声相。发声后,或散漫虚浮,缺乏余韵,像荒郊野外的老牛哀鸣;或语速急切,断断续续,像夜深人静时老鼠在偷吃东西;或嘴快气促,一句紧接一句,而又语无伦次,没完没了;或口齿不清,吞吞吐吐,含混模糊。这些说话声,都属于市井之人的粗鄙庸俗的声相,又怎能跟以上那些声音相提并论呢?

【点评】

《灵山秘叶》中说过:"察其声气,而测其度;视其声华,而别其质;听其声势,而观其力;考其声情,而推其征。""声气"相当于声学中的音量,通过"声气"的粗细,可以察看人的气度;"声势"相当于声学中的"音长","声势"壮者,其力必大;"声华"相当于声学中的音质音色,"声华"质美者,性善品高;"声情"相当于带感情的声音,可以看出一个人的心情状态。可见,人的喜怒哀乐一定会在声音中表现出来,即使极力掩饰和控制,也会不由自主地流露出来。

发声的位置不同,效果也不同。气发于丹田,经胸部直冲声带,再经由喉、舌、齿、唇,发出的声音与仅用胸腔之气冲击声带而来的声音在气度、节奏和感觉等方面都不相同。发于丹田的声音,沉雄响亮,是肾水充沛的表现,可知其人身体健壮,心强气盛。发于胸腔的声音,浑厚悦耳,甜润婉转,可知其人温和平易,容易交往。发于喉头、止于舌齿之间的声音,根基浅薄,虚弱衰颓,显得中气不足,也是身体虚弱、自信心不足的表现。

　　根据人的声音预测吉凶的相人之法,春秋时期已有相关记载。据《左传》"昭公二十八年"记载,晋国大夫叔向的儿子伯石刚生下来的时候,叔向之母去探视,走到堂屋,听见他的哭声立即转身返回,说"是豺狼之声也! 狼子野心,非是,莫丧羊舌氏矣"。叔向之母预言这位刚生下来的孙子将使宗族遭到灭族之灾,因为其哭声如同豺狼。以其人独有的声音特点预测吉凶,即相音色。楚国司马子良的儿子子越椒出生后,其兄子文说:"必杀之! 是子也,熊虎之状而豺狼之声。弗杀,必灭若敖氏矣。谚曰:'狼子野心。'是乃狼也,其可畜乎?"子良不同意。子文为此大为悲戚,临死,召集本族人,告诫他们如果子越椒执政"乃速行矣,无及于难",并且流着泪说:"鬼犹求食,若敖氏之鬼不其馁而。"子文预测侄子如果执政,必定带来族灭的大难,若敖氏宗族的祖先就成了无人祭祀的野鬼。这种可怕预言的依据,是子越椒的如同豺狼的哭声和熊虎一般的相貌。

音

　　音者,声之余也[①],与声相去不远,此则从细曲中见耳[②]。贫贱者有声无音,尖巧者有音无声,所谓"禽无声,兽无音"是也[③]。

凡人说话,是声散在前后左右者是也④。开谈多含情,话终有余响,不唯雅人,兼称国士⑤;口阔无溢出,舌尖无宛音⑥,不唯实厚,兼获名高。

【注释】

① 声之余:"音"是声的余韵。

② 细曲:细微的地方。

③ "所谓"二句:禽无声,鸟鸣嘤嘤呢喃,绵软而无壮气,故说"无声"。兽无音,兽吼声嗷嗷粗野,不文雅,没余韵,故说"无音"。

④ 声散:由于声主"张",声音由空气传播,形成音波,散布在前后左右。

⑤ 国士:国家或社会的精英人物。国士,本指一国中最勇敢有力的人,后引申为一国中才能最出众的人物。

⑥ 宛音:无矫揉轻佻之音,不拿腔捏调。说明其人素养深厚。宛,轻佻,轻浮,不严肃。

【译文】

音是声的余波或余韵,二者相差不大,它们之间的差异可以从细微的地方听出来。贫穷卑贱的人说话有声无音,显得粗野不文;圆滑机巧的人说话有音无声,显得矫揉造作,这种情形就是俗话说的"鸟鸣无声,兽叫无音"。普通人说话,只不过是把声响散布在空中而已,并无音可言。如果说话的时候饱含感情,到话说完了还有余音在耳,这种人不仅是温文尔雅的人,而且还可以称得上是社会精英;说话的时候,即使口阔嘴大,却声气控制自如;即使口齿伶俐,却不矫饰轻佻,这种人不仅内在素养深厚,而且还将会获得盛名隆誉。

【点评】

古代相术家曾说过:"上相之相审声,中相之相察色,下相看骨。""上相之人审声",是说判断一个人通过听声音就可知道其吉凶祸福。《神相全编》认为:"声小亮高,贤贵之极。语声细嫩,必主贫寒。"意思是不用大声去说话,声音就雄浑洪亮,铿锵有力,就是贵命,是发号施令的领导者;费了很大力气去讲话,发出的声音反而细嫩,别人很难听清,这样的人一般是贫寒劳碌的命运。身材瘦小,本难当大任,但此人若精神抖擞,声如洪钟,一定不是等闲之辈;如果身材高大,像是能担大任之人,声音却细小若无,此人则身弱多病,难有成就。此外,声如破锣是破财之相,声音火爆是无依无靠之相。总之,声音要洪亮圆润,才能身健命佳,富贵发达。

心动为性,性发为声,声音的产生离不开气,声音的大小、长短、清浊、缓急皆与命禄有关。《太清神鉴》认为,声音清而圆,坚而亮,缓而烈,急而和,长而有力有威。大如洪钟发音,小似寒泉飞韵,远而不断,浅而能清,深而能藏,大而不浊,小而能新,都是上佳之声相,并主福禄永年。如果声音喘急,促而不远,紊杂而断续,急而嘶,缓而涩,深而带滞,浅而带躁;或大而散,或如破鼓之声,或如寒鸡哺雏,或似孤雁离群;细如蚯蚓低吟,大似寒蝉噪鸣,雄如犬狂吠,雌似蝉乱鸣。这些都是下等之声相,一般是浅薄无福之人。

当然,任何科学原理都有一定的适用范围,超出范围的引申,只能得出错误的结论。生理学已经证明,声音的特点与肺活量密切相关,而肺活量又与人的体格强弱有关。因此,根据一个人的声音特征推究其健康状况,当是一种科学的手段。但是,如果将声相漫无边际地推演到人的一切命运,认为对人生命运起决定性作用,这就使科学的原理离谱变调了。

卷七　气色鉴

总　论

面部如命①，气色如运②。大命固宜整齐③，小运亦当亨泰④。是故光焰不发⑤，珠玉与瓦砾同观⑥；藻绘未扬⑦，明光与布葛齐价⑧。大者主一生祸福⑨，小者亦三月吉凶⑩。

【注释】

① 面部如命：命，一种先天禀赋。英国《宗教伦理百科全书》认为："命是一种势力，那是我们人为的能力所不能抵抗的。它是一种机械的、物质的、无意识的势力。这种势力能管理全世界，便是人也在被管理之列。"这种力量不可抗拒，不以人的主观意志为转移，但可以预测、把握。

② 运：又称"气数"，即阴阳运行的变数，在运动变化着的宇宙状态中不同的机遇或遭际。

③ 大命固宜整齐：大命，人生的遭遇，如贵贱、贫富、夭寿等根本走向或基本格局。整齐，均衡，指先天禀赋与后天遭遇协调、均衡。先天过盛则易夭折，后天过盛则易平庸，二者应阴阳均衡。

④ 小运亦当亨泰：运，人生的具体遭遇和经历。亨泰，顺畅。人生流年气色应该顺畅，不应枯涩晦滞，枯涩则折寿命，晦滞则伤元气。

⑤ 是故光焰不发:是故,所以。光焰,光辉,光芒,比喻气色。

⑥ 珠玉:珍珠和宝玉,即色彩,比喻气色。

⑦ 藻绘:一作"藻缋",彩色的绣纹、错杂华丽的色彩,作动词为修饰。

⑧ 明光与布葛齐价:明光,指色彩明艳、质地柔润的高级丝织品、锦绣之类,比喻人的本体。布葛,布是棉制品,葛为麻织品,代指粗糙的纺织品。

⑨ 大者主一生祸福:大者,指"命"。"命"是天赋,与生俱来,与人的本体或相生或相克,可推测一生之祸福。

⑩ 小者亦三月吉凶:小者,指"运"。三月,指一段不太长的时间。"亦"字后承前省略一个"主"字。

【译文】

如果说面部象征并体现了人的大命,那么气色则象征体现了人的小运。大命虽然由先天生成,但仍应与后天实际遭遇保持均衡,小运也应该一直保持顺利。因此,如果光辉不能焕发出来,即便是珍珠宝玉,也与碎砖烂瓦并无两样;如果色彩不能呈现出来,即便是绫罗锦绣,也与粗布糙葛毫无二致。大命决定了人的一生祸福,小运也能够决定人的一段时间内的吉凶。

【点评】

命运是宇宙中万事万物变化发展的全过程,是从生到灭的轨迹。历来人们对命运有不同的看法,如儒家的天命观、道家的自然命定论、佛家的因果论、基督教的上帝决定论、伊斯兰教的前定说、古典物理学的机械决定论、量子力学等现代科学的非决定论及中性理论、马克思主义哲学的历史决定论及菩提量子的大统一命运观,等等。中国古代相术认为,通过气色可以观察和判断一个人的性格和命运。

气,中医指能使人体器官发挥机能的动力。色,《说文解字》解释说:"色,颜气也。"中医认为,气是判断身体健康与否的重要标准,而色是气盈与气亏的外在表现。相气、相色与预测吉凶之间存在着一定的相关性。"气"既是生命体内流转无息的综合性物质,又是生命的原动力。它无形无体,无色无味,却是一种实实在在的客观存在,在体内如血液一样流动不息,气旺者可外现,即能为人所见。"色"是"气"的外在表现形式之一,显现于人体表面就是肤色。

汉代刘劭的《人物志》一书中就把"气"和"色"分开来识别人才,他认为"躁静之决在于气",即通过一个人的"气"的观察,可以看出他是好动型的还是好静型的,因为气之盛虚是一个人性格的表现,气盛者则其人好动,气虚者则其人好静。"惨怿之情在于色",即通过对一个人"色"的观察,可以看出他情感的表现。因色是情绪的表征,色悦者则其情欢,色沮者则其情悲。"夫声畅于气,则实存貌色;故诚仁,必有温柔之色;诚勇,必有矜奋之色;诚智,必有明达之色。"就像气流的通畅发出了声音,一个人的性格则会在相貌和气色上有所流露。所以,仁厚的人必有温柔的貌色,勇敢的人必有激奋的气色,智慧的人必有明朗豁达的面色。

气 色

人以气为主①,于内为精神②,于外为气色③。有终身之气色,"少淡、长明、壮艳、老素"是也④。有一年之气色,"春青、夏红、秋黄、冬白"是也⑤。有一月之气色,"朔后森发⑥,望后隐跃"是也⑦。有一日之气色,"早青、昼满、晚停、暮静"是也⑧。

【注释】

① 人以气为主:人以气为其主神,气主宰着人。"气"作为一种生命力,是人生存和发展的内在动力和依据。主,主宰、主要之神。

② 于内为精神:"气"的内在表现是人的精神,而"精神"则是人的观念、情感、意志、气质、风度等的综合表现。

③ 于外为气色:"气"的外在表现是人的气色。

④ 少淡、长明、壮艳、老素:淡,指气色纯清明薄。长,指青年时期。明,指气色光而洁。艳,指气色丰而美。素,指气色朴而实。

⑤ 春青、夏红、秋黄、冬白:春青,青属木,木色尚青。青色,即白中透青的苍翠之色。夏红,夏属火,火色尚红。秋黄,秋属金,金色尚白,白虽得正,却非所宜(因白为凶色),宜者黄色,以土生金,不失其正,而脾属土,养脾以移气。冬白,冬属水,水色尚黑,黑虽得正,却非所宜(黑则肾亏),宜者白色,以金生水,不失其正,而肾属水,固肾以养元。

⑥ 朔后森发:朔,朔日,指阴历每月初一。森发,如树木枝叶之盛发。"朔"为日月相会之日,月至此渐趋于圆,有树木盛发相。

⑦ 望后隐跃:望,望日,指阴历每月十五。隐跃,若隐若现。"望"

为日月相望之日，月至此渐趋于隐，有若隐若现之相。

⑧ 早青、昼满、晚停、暮静：早青，气色初发。清晨起床之后，人开始活动，气色便随之复苏，所以说"早青"。昼满，白天气色充盈。晚停，傍晚气色将伏。暮静，夜间气色安宁。

【译文】

人以气为自身存在和发展的主宰，气在体内表现为精神，在体表表现为气色。人的气色有多种形态：有贯穿人一生的气色，就是俗话说的"少年时期气稚色薄，青年时期气勃色明，壮年时期气盛色艳，老年时期气实色朴"，就是这种气色。有贯穿一年的气色，就是俗话说的"春季气色宜青，夏季气色宜红，秋季气色宜黄，冬季气色宜白"，就是这种气色。有贯穿一月的气色，就是俗话说的"每月初一日之后如枝叶盛发，十五日之后则若隐若现"，就是这种气色。有贯穿一天的气色，就是俗话说的"早晨气色开始复苏，白天气色充盈饱满，傍晚气色渐趋隐伏，夜间气色安宁平静"，就是这种气色。

【点评】

"气"有内外两种存在形式，内在形式是"精神"，外在形式为"气色"。观察"气"，既要观察内在的"精神"，又要观察外在的"气色"。在人生的各个阶段，人的生理和心理的发育和变化都有一定差异，有些方面甚至非常显著。人的肤色有明暗不同的变化，如同一株树，初生之时，色薄气稚；生长之时，色明气勃；茂盛之时，色丰而艳；及其老时，色朴而实。人少年之时，色纯而稚；青年之时，色光而洁；壮年之时，色丰而盛；老年之时，色朴而实。人的一生不可能有恒定不变的气色，应辩证地看待人气色的不同变化。

人的生理状态和情绪随季节和气候的变化而变化，而这种内在变化就会引起气色的变化。"春青、夏红、秋黄、冬白",是取其与四时气候相应所作的比拟。"一月之气色",随月亮的隐现而发,初一日之后,气色如枝叶之生发,清盛可见,十五之后,气色就若隐若现,如月圆之后,渐渐被侵蚀而消失。"一日之气色",则因早、中、晚气候的变化而有小范围的变化,大致上是早晨气色复苏,如春天之草绿;中午气色饱满充盈,如树木之夏茂;傍晚气色渐隐渐伏;夜间气色平静安宁,即秋收冬藏之义。

气与色密不可分,气为色之根,色为气之苗,色表现着气,气决定着色。气有先天所禀之气,有后天所养之气,如孟子所说的"吾善养吾浩然之气"。色也有先天所禀之色与后天所养之色两种。古人常用气和色来判断人的优劣、命运的吉凶,如"骨骼管一生之荣枯,气色定行年之休咎"。气色既有后天所养者,它们一定是在不断运动变化的,所以古代又有"行年气色"之说。

在《红楼梦》一书中,作者曹雪芹对贾宝玉的描写是"面若中秋之月,色如春晓之花"。脂砚斋批注曰:"'少年色嫩不坚牢'以及'非夭即贫'之语,余犹在心,今阅至此,放声一哭。""少年色嫩不坚牢",出自《麻衣相法》。《金锁赋》亦谓:"老年色嫩招辛苦,少年色嫩不坚牢。"面若秋月、色如春花,指神色嫩秀。相反,薛宝钗之气色则是"肌骨莹润,举止娴雅"、"品格端方,容貌丰美"、"头上挽着漆黑油光的……唇不点而红,眉不画而翠;脸若银盆,眼如水杏"。发色黑亮、红唇、浓眉、肌肤丰盈洁白、举止端雅,在《麻衣相法》中均属富贵长寿之相,为个性温良的有德之人,正与薛宝钗性情相符。

文人气色

科名中人^①，以黄为主^②，此正色也。黄云盖顶^③，必掇大魁^④；黄翅入鬓^⑤，进身不远^⑥；印堂黄色^⑦，富贵逼人；明堂素净^⑧，明年及第^⑨。他如眼角霞鲜^⑩，决利小考^⑪；印堂垂紫^⑫，动获小利^⑬；红晕中分^⑭，定产佳儿^⑮；两颧红润^⑯，骨肉发迹^⑰。由此推之^⑱，足见一斑矣^⑲。

【注释】

① 科名：科举考中而取得功名。古代分科考试选拔士子为官，考中的为登科或有科名。

② 以黄为主：黄色除时令、地域、部位有冲克外，无人不宜，无往不利，为正色。在封建社会，黄色因其气势威严、姿质凝重而成为皇家御用之色和皇权的象征。

③ 黄云盖顶：指黄色由天中、天庭上通顶心，旁连山林地边，光华灿烂的情状。

④ 必掇大魁：掇，摘取，夺取。大魁，科举考试中的殿试一甲第一名称为"大魁"，即状元。

⑤ 黄翅入鬓：黄色由两颧发起，如大鹏展翅直插两鬓。古人认为这是飞黄腾达的征兆，然较"黄云盖顶"终逊一等。

⑥ 进身：指提高社会地位，入仕做官。

⑦ 印堂黄色：印堂，在额部，当两眉之间。印堂在面相学中属于"命宫"，从印堂的宽窄程度、色泽、颜色，可以看出一个人的运

气的好坏,祸福吉凶。印堂饱满,光明如镜是吉利之相。人逢好运此部位有光泽、带红润。运气不好时,印堂晦涩,失去光泽。印堂低陷窄小,或有伤痕黑痣,是不吉利之相,必定贫寒,而且克妻。印堂黄色为"富贵逼人"之色。

⑧ 明堂素净:明堂,道教称两眉之间为天门,入内一寸为明堂。素净,白润而不染垢。

⑨ 明年及第:乡试在头年秋,会试在次年春,故称"明年及第"。及第,科举考中解元、会元、状元为"三元及第"。

⑩ 霞鲜:指红紫二色鲜明如云霞。此相主喜庆。

⑪ 决利小考:决,必然,肯定。小考,童生应府县官及学政考试,又称"童子试"。

⑫ 印堂垂紫:黑中透红的紫色光气,由印堂部位即两眉之间发动,向上注入山根(即鼻梁)之间,称为"垂紫",为吉祥之兆。

⑬ 动:动不动,常常。

⑭ 红晕中分:红晕,这里指两眼下方卧蚕部位的红晕。中分,指中有鼻梁间隔,两片红晕不能相连。

⑮ 定产佳儿:"火旺生男,木旺生女",红色为火,故说"定产佳儿"。

⑯ 两颧(quán)红润:两颧部位红润光泽,也代指夫妻恩爱。颧,位于眼的外下方,脸颊上方突出隆起的部分。

⑰ 骨肉发迹:骨肉,指至亲之人,包括父子、叔侄、兄弟等。发迹,指立功显名,发家致富等。

⑱ 此:指以上几种命相。

⑲ 一斑:一般。斑,通"般"。

【译文】

对于追求功名的读书人来说，面部气色以黄色为佳，因为黄色是正色、吉色。如果头顶似有黄色的云彩覆盖，那么这位士子必定会在科举考试中一举夺魁，高中状元；如果两颧部各有一片黄色向外扩展，像两只翅膀直插双鬓，那么他考中升官已为期不远；如果命宫印堂呈黄色，那么他很快就会获得飞黄腾达的机会；如果鼻子白润净洁，那么明年春天的会试他一定能考中。其他面部的气色，如眼角部位充盈红紫二色，仿佛绚丽的云霞，参加小的考试，必然能够顺利考中；印堂有一片紫色向上注入山根之间，那么此人经常会获得一些发财的机会；如果两眼下方有一片红晕，且被居中的鼻梁分开而互不连接，那么此人一定会喜得贵子；如果两颧部位红润光泽，那么他的父子、叔侄、兄弟等亲戚，必有人能发家致富，功成名就。以此推论，一般能辨识面部气色与人的命运的关系。

【点评】

在气色中，气与命相对，色与运相配。"命"是先天生成的，不易改变，"运"是后天的，有可能改变。古人认为，人禀气而生，"气"有清浊、昏明、贤鄙之分，人有寿夭、善恶、贫富、贵贱、尊卑的不同，这些由"气"能反映出来。气运生化，人就有各种不同的命运和造化。"气"旺，则生命力强盛；"气"衰，则生命力衰弱。生命力旺盛与否，与他日常行事的成败有密切的联系。生命力不强，难以夜以继日顽强地与困难作斗争，自然难以成功。生命力旺盛，则能长期充满活力、精神焕发，是战胜困难、取得成功的必要条件。"色"就人体而言，指肤色，或黑或白，且有无光泽。古人认为，色与气的关系是流与源的关系，色来源于气，是气的外在表现形式。气是色的根本，气盛则色佳，气衰则色悴。如果气有什么变化,色也随之变化。气色在文人身上体现最为明显,变化也最为多样。

观察一个人的"气"及其他的沉浮静躁,可以发现其人是否具有做得大事的潜质。"每临大事有静气",沉得住气、临危不乱的人方可担当大任;而浮躁不安、毛手毛脚的人,难以集中精力,往往知难而退、半途而废。底气足,做事易集中精力,才能持久;底气虚,精神容易涣散,多半途而废。虽然文静的人也能动若脱兔,活泼的人也能静若处子,但是如果神浮气躁的人,精力涣散,半途而废,往往一事无成。

虬髯客是隋末唐初的一位绿林怪杰,当时隋炀帝无道,群雄纷起,虬髯客也有意与群雄逐鹿,自立为王。后来听好朋友李靖盛赞李世民雄才伟略,气度非凡,未来的天子恐怕非他莫属。虬髯客听了,遂与李靖入太原,请好友刘文静约李世民见面。在李世民未来之前,他和太虚观的道士黄衫客下棋等候。不久,李世民至,穿着非常普通、随便,但是意态昂扬,貌与常异,长揖而坐,便来观棋。黄衫客一见,落子茫然,登时推枰而起,说道:"这一局输定了!"虬髯客也神沮气丧,退入后堂,对李靖说道:"这才是真天子,我们难以与他抗衡!"因为虬髯客身上所有的是一股草莽英雄之气,而李世民身上流露出的是一股大气祥和、平易近人的高贵之气。虽同为不二之选,然高下立判。

青色与白色

色忌青[①],忌白。青常见于眼底[②],白常见于眉端[③]。然亦有不同:心事忧劳,青如凝墨[④];祸生不测,青如浮烟[⑤];酒色惫倦[⑥],

白如卧羊⑦;灾晦催人,白如傅粉⑧。又有青而带紫,金形遇之而飞扬⑨;白而有光,土庚相当亦富贵⑩,又不在此论也。最不佳者:"太白夹日月⑪,乌鸟集天庭⑫,桃花散面颊⑬,赪尾守地阁⑭。"有一于此,前程退落,祸患再三矣。

【注释】

① 色忌青:色有正色与邪色、吉色与凶色之分,所忌之色即凶色。这里的青色指青斑之"青",不是春木勃发之色,特点是焦干昏暗,如受击伤的样子。

② 见:同"现",出现。

③ 眉端:指两眉眉梢。

④ 凝墨:凝结着的墨汁,既浓且厚,边际清晰。

⑤ 浮烟:飘浮不定的青烟,轻重不均,边际模糊。

⑥ 酒色惫倦:色,指女色。惫倦,疲惫倦怠。

⑦ 白如卧羊:卧羊之白色,乃是生色而非死色。此色虽不吉,但非大凶。卧羊,如羊卧休息,不久即可复原。

⑧ 白如傅粉:傅粉,搽粉。古人认为,白如傅粉为死色,面有此色者神智昏浊,精力颓败。

⑨ 金形遇之而飞扬:金形,指金形人。金形人一般精力充沛,决断力和开拓力较强,工作投入,善于用人,能做到人尽其才物尽其用。飞扬,放纵,自由发挥。

⑩ 土庚相当:土,指土形人。土形人一般性情慵懒,开拓心、进取心不强,但为人安静、友善。庚,为阴金。相当,指土与庚即金相合。

⑪ 太白夹日月：太白，星名，指启明星，因亮而呈白色。此星主杀伐，此色主灾祸。日月，指日角和月角部位，日角在左眉骨隆起处至左边发际，月角在右眉骨隆起处至右边发际。

⑫ 乌鸟集天庭：古人认为此相主丧乱。乌鸟，即乌鸦，代指黑色。

⑬ 桃花散面颊：古人认为此相主刑狱。桃花，指赤色斑点。

⑭ 赪(chēng)尾守地阁：古人认为此相主凶亡。赪尾，本是赤色鱼尾，代指浅赤色。地阁，亦作"地格"。旧时命相家指人的下颔，地阁方圆为福相。

【译文】

　　面部气色既忌讳青色，也忌讳白色。青色一般出现在眼睛下方，白色则经常出现在两眉眉梢。具体情形又有差别：如果因心事烦忧而面呈青色，多半既浓且厚，状如凝墨；如果遇飞来横祸而面呈青色，则轻重不均，状如浮烟；如果因嗜酒好色导致疲惫倦怠而面呈白色，则势如卧羊，不久即会消散；如果遭遇大灾大难而面呈白色，状如枯骨，充满死气。还有青中带紫之色，如果是金形人一定能够飞黄腾达；如果是白润光泽之色，土形兼金形人也会获取富贵，但这些都是特例，不在论述范围之内。最不好的是以下四种气色："白色围绕眼圈主丧乱，黑气聚集额头主参革，赤斑布满两颊主刑狱，浅赤凝结地阁主凶亡。"以上四种气色具有其一，就会前程倒退败落，并且连遭灾祸。

【点评】

　　人是禀气而生，气运生化，人就有各种不同的命运和造化。人的寿夭、善恶、贫富、贵贱、尊卑都能由气反映出来：气旺则生命力强盛，气衰则生命力衰弱。生命力旺盛，则充满活力、精神焕发，这是战胜困难，取得成功的必要条件。"气色"主色与客色不同。主色是先天之色,自然之色,并与五行对应。其中,金为白色,木为青色,水为黑色,土为黄色,火为赤色。这五种颜色是基本的肤色,只要与五行形相相配,就是正色,就是吉祥之色。客色是后天之色,随四季、晨昏、心情等变化而有不同表现。客色依十二地支所在部位而定。

青色与白色的变化,最能反映一个人的身体与精神状态。青色常见于眼底,是一种不健康的征兆,这种色同春天草木新生的青色有所不同,是气血淤积滞涨而形成的。比如"鼻青脸肿"、"脸色发青",由于眼部受到打击,或因为长期的疲劳得不到正常的休息,体内的新陈代谢就会不顺畅,而形成青色。肌体发生病变,也会形成青色。这种青色的出现,就是身体所发出的一种警示征兆。白色是指人面部没有血色,如同枯骨白粉一样的颜色,这是一种气血亏损不足的表现。常见于人的眉端,说明此人身体处于亚健康状态。有时候,因为工作劳累所致,休息不好,心情郁闷,眼部也会发青。如果持续下去,就会面部发青,应及时调整休息时间,否则就会导致病患。

战国时期的思想家荀子在《非相篇》中曾说过:"相人之形状、颜色而知其吉凶、妖祥,世俗称之。古之人无有也,学者不道也。故相形不如论心,论心不如择术。形不胜心,心不胜术。术正而心顺之,则形相虽恶而心术善,无害为君子也;形相虽善而心术恶,无害为小人。"在荀子看来,人之吉凶妖祥在于"术正而心顺之",术正心顺则吉,术不正心不顺则凶,与人的高低、胖瘦及形象好坏没有必然的因果关系。例如,"帝尧长,帝舜短,文王长,周公短,仲尼长,子弓短"。虽身材有长短,然或为圣君,或为贤相,或为人师,皆为君子,其命皆吉。又如卫灵公有臣子公孙吕,其身材长短、面部宽窄及器官布局极不匀称,然而天下人皆知其贤,这就是恶相吉命。再如,"桀、纣长巨娇美,天下之杰也,筋力越劲,百人之敌也。然而身死国亡,为天下僇,后世言恶则必稽焉。是非容貌之患也"。(《荀子·非相》)身为古代帝王的夏桀和殷纣王,高大俊美,身强力壮,是万里挑一的人物。然而不行善道,身死国灭,留下千古骂名,后世说到坏人,就一定会拿他们作例证。这就是善相凶命。总之,命之吉凶,不仅取决于形貌颜色之善恶,更取决于心术之善恶。

挺　经

前　言

　　《挺经》一书是曾国藩总结自身人生心得和成功经验的一部传世奇书。曾国藩的好友欧阳兆熊在笔记《水窗春呓》"一生三变"条说："文正一生凡三变。书字初学柳诚悬，中年学黄山谷，晚年学李北海，而参以刘石庵，故挺健之中，愈饶妩媚。其学问初为翰林词赋，既与唐镜海太常游，究心儒先语录，后又为六书之学，博览乾嘉训诂诸书，而不以宋人注经为然。在京官时，以程朱为依归，至出而办理团练军务，又变而为申韩。尝自称欲著《挺经》，言其刚也。"可见，《挺经》是曾国藩临终前的一部压案之作，是一生的学问与事功达到顶点时的心法总结，用李鸿章的话说，是"精通造化，守身用世的秘诀"（《庚子西狩丛谈》）。

　　可惜的是，曾国藩并没有完成这部《挺经》。但幸运的是，他的衣钵弟子李鸿章传承了《挺经》的十八条秘传心法。吴永在《庚子西狩丛谈》里记载了李鸿章亲口讲述的一条：

　　　　我试讲一条与你听：一家子，有老翁请了贵客，要留他在家午餐。早间就吩咐儿子，前往市上备办肴蔬果品，日已过巳，尚未还家。老翁心慌意急，亲至村口看望，见离家不远，儿子挑着菜担，在水塍上与一个京货担子对着，彼此皆不肯让，就钉住不得过。

老翁赶上前婉语曰："老哥，我家中有客，待此具餐。请你往水田里稍避一步，待他过来，你老哥也可过去，岂不是两便么？"其人曰："你叫我下水，怎么他下不得呢？"老翁曰："他身子矮小，水田里恐怕担子浸着湿，坏了食物；你老哥身子高长些，可以不至于沾水。因为这个理由，所以请你避让的。"其人曰："你这担内，不过是菜蔬果品，就是浸湿，也还可将就用的；我担中都是京广贵货，万一着水，便是一文不值。这担子身分不同，安能叫我让避？"老翁见抵说不过，乃挺身就近曰："来来，然则如此办理：待我老头儿下了水田，你老哥将货担交付于我，我顶在头上，请你空身从我儿旁边岔过，再将担子奉还。何如？"当即俯身解袜脱履。其人见老翁如此，作意不过，曰："既老丈如此费事，我就下了水田，让尔担过去。"当即下田避让。他只挺了一挺，一场争竞就此消解。这便是《挺经》中开宗明义的第一条。

关于这条《挺经》的含义，吴永说"大抵谓天下事在局外呐喊议论，总是无益，必须躬自入局，挺膺负责，乃有成事之可冀"。综观曾国藩的一生，下马书生，上马儒将，在危难的时局中杀出血路，在艰苦的斗争中取得成功。他自己也十分喜欢一句俗语，叫做"好汉打脱牙和血吞"。他解释说：

> 困心横虑，正是磨练英雄，玉汝于成。李申夫尝谓余，怄气从不说出，一味忍耐，徐图自强，因引言曰："好汉打脱牙和血吞。"此二语是余平生咬牙立志之决。余庚戌辛亥间为京师权贵所唾骂，癸丑甲寅为长沙所唾骂，乙卯丙辰为江西所唾骂，以及岳州之败，靖江之败，湖口之败，盖打脱门牙之时多矣，无一次不和血吞之。

那么,什么是挺呢? 段玉裁《说文解字注》说:"挺,拔也。《左传》:周道挺挺。直也。《月令》:挺重囚。宽也。皆引申之义。"从本义来看,"挺"有拔出、取出的意思。值得注意的是"挺"的引申义"直",段玉裁《说文解字注》说:"正见也。《左传》曰:正直为正。正曲为直。其引申之义也。见之审则必能矫其枉。故曰正曲为直。"可见,"挺"字有改变、矫正的意思。从上述的材料来看,挺更多的是一种性格,一种态度,一种立身状态,一种精神风貌。欧阳兆熊说"挺经"的内容是"言其刚",大抵是不错的。刚烈的性格,刚硬的态度,刚毅的担当,阳刚的精神,顺境中的修身养性,逆境中的坚挺忍耐,都与儒家当仁不让的精神一以贯之,展现了中流砥柱的儒者风范。

据吴永的《庚子西狩丛谈》一书记载,李鸿章就曾运用过"挺经",表现了刚劲强硬的处世态度。李鸿章作直隶总督时,与翁同龢相互排挤。当时,袁世凯作为翁同龢的说客来劝李鸿章乞休开缺,让翁同龢得以顺利补缺成为协办大学士。李鸿章对袁世凯说:"他想补我的缺,万万不能! 武侯言'鞠躬尽瘁,死而后已',这两句话我也还配说。我一息尚存,决不无故告退,决不奏请开缺。"袁世凯走后,他又对吴永说:"袁世凯,尔不知耶? 这真是小人! 他巴结翁叔平,来为他作说客,说得天花乱坠,要我乞休开缺,为叔平作成一个协办大学士。我偏不告退,教他想死! 我老师的'挺经',正用得着,我是要传他衣钵的。我决计与他挺着,看他们如何摆布?"李鸿章对于"挺经"的具体运用,极好地诠释了"挺经"的深刻内涵,对于我们准确理解挺经的意义极有帮助。

为了给读者展现《挺经》的原貌,本书根据李鸿章口述的挺经十八法,从《经史百家杂钞》、《湘乡曾氏文献》、《曾国藩年谱》、《曾国藩全集》,以及曾国藩的僚属、弟子的文集、笔记中辑佚整理出来,集中展示了曾国藩的内圣修养与处世智慧。本书注释部分力求简洁通俗,点评部分以关键词为中心,随文析义,便于读者深入理解原文。限于个人才力,加之时间仓促,本书的疏漏和不当之处肯定不少,希望读者批评指正。

蒲宏凌

2014 年 5 月于中国艺术研究院

卷一　内圣

　　细思古人工夫①，其效之尤著者②，约有四端③：曰慎独则心泰④，曰主敬则身强⑤，曰求仁则人悦⑥，曰思诚则神钦⑦。慎独者，遏欲不忽隐微⑧，循理不间须臾⑨，内省不疚⑩，故心泰。主敬者，外而整齐严肃，内而专静纯一，斋庄不懈⑪，故身强。求仁者，体则存心养性⑫，用则民胞物与⑬，大公无私，故人悦。思诚者，心则忠贞不贰，言则笃实不欺，至诚相感，故神钦。四者之功夫果至，则四者之效验自臻⑭。余老矣，亦尚思少致吾功，以求万一之效耳。

【注释】

① 工夫：谓做事所费的精力和时间。理学家称积功累行、涵养心性为工夫。

② 尤：尤其，更加。

③ 端：事物的一头或一方面。

④ 慎独：在独处中谨慎不苟。《礼记·大学》："此谓诚于中，形于外，故君子必慎其独也。"泰：安定平和。

⑤ 敬：恭敬，端肃。《礼记·少仪》："宾客主恭，祭祀主敬。"

⑥ 仁：孔子学说最高的道德规范。《论语·述而》："求仁而得仁，又何怨？"

⑦ 诚：儒家道德修养的方法和境界。《礼记·中庸》："诚者天之道也，诚之者人之道也。"

⑧ 忽：不重视，忽略。隐微：隐约细微。

⑨ 循理：依照道理或遵循规律。须臾：片刻，一会儿。

⑩ 内省：内心反省自己的思想和言行，检查有无过失。不疚：不愧。《论语·颜渊》："内省不疚，夫何忧何惧？"

⑪ 斋庄：严肃诚敬。不懈：不怠惰，不间断。

⑫ 存心养性：保存本心，养育正性。《孟子·尽心上》："存其心，养其性，所以事天也。"

⑬ 民胞物与：民为同胞，物为同类。泛指爱人和一切物类。

⑭ 臻：到，到达。

【译文】

仔细思考古人的修身工夫，其成效特别显著的大约有四个方面：慎于独处，则心胸安泰；端肃恭敬，则身体强健；追求仁义，则众人悦服；专守诚意，则神灵钦敬。慎独，就是要遏止私欲，不放过任何隐秘微小的动心起念，循理而行，时时如此，内心反省而无愧于心，所以心胸安泰。主敬，就是要外表仪容整齐严肃，内心思虑宁静专一，时时端恭庄严，所以身体强健。求仁，就是说从本体上讲，要保养心性，从作用上讲，要爱民惜物，大公无私，所以众人悦服。思诚，就是说内心忠贞坚定，言语笃实无欺，以至诚之德感应天地万物，所以神灵钦敬。如果真能达到上述四方面的修身工夫，这四种效验就自然而至。我虽然年近衰迈，但也还想在修身方面下些工夫，以求得万一的效果。

【点评】

"内圣"是一种崇高的道德境界，也是一种超越的精神境界。冯友兰把人生的境界分为四种，即自然境界、功利境界、道德境界和天地境界。冯友兰所谓"境界"就是人对于宇宙人生的一种觉悟和了解，它关乎个人的道德学问的修养。

因此，《大学》在提出"大学之道，在明明德，在亲民，在止于至善"的三大纲领后，最后归结为"自天子以至于庶人，壹是皆以修身为本"。《论语》中记载了孔子对他一生的描述："吾十有五而志于学，三十而立，四十而不惑，五十而知天命，六十而耳顺，七十而从心所欲不逾矩。"这是孔子为学修身的人生总结，也是孔子超凡入圣的人生途径。

曾国藩正是秉承了孔门的内圣心法，归纳总结前人修身工夫的四个重要方法，即"慎独"、"主敬"、"求仁"和"思诚"，并且躬亲实践，潜心修养，终于以坚挺之姿成为历史上具有传奇色彩的人物。正如梁启超在《曾文正公嘉言钞》序中所说："岂惟近代，盖有史以来不一二睹之大人也已。岂惟我国，抑全世界不一二睹之大人也已。然而文正固非有超群绝伦之天才，在并时诸贤杰中称最钝拙，其所遭值事会，亦终身在拂逆之中。然乃立德、立功、立言，三并不朽，所成就震古烁今。而莫与京者，其一生得力在立志，自拔于流俗，而困而知，而勉而行，历百千艰阻而不挫屈；不求近效，铢积寸累，受之以虚，将之以勤，植之以刚，贞之以恒，帅之以诚，勇猛精进，坚苦卓绝。……"可以说，曾国藩的一生事业，就是靠着"内圣"二字而成功的。

尝谓独也者①，君子与小人共焉者也。小人以其为独而生一念之妄②，积妄生肆③，而欺人之事成。君子懔其为独而生一念之诚④，积诚为慎⑤，而自慊之功密⑥。其间离合几微之端⑦，可得而论矣。

盖《大学》自格致以后⑧，前言往行⑨，既资其扩充；日用细故⑩，亦深其阅历。心之际乎事者⑪，已能剖析乎公私；心之丽乎理者⑫，又足精研其得失。则夫善之当为，不善之宜去，早画然其灼见矣⑬。而彼小人者,乃不能实有所见,而行其所知。于是一善当前,幸人之莫我察也⑭,则趋焉而不决。一不善当前,幸人之莫或伺也⑮,则去之而不力。幽独之中,情伪斯出⑯,所谓欺也。惟夫君子者,惧一善之不力,则冥冥者有堕行⑰;一不善之不去,则涓涓者无已时⑱。屋漏而懔如帝天⑲,方寸而坚如金石⑳。独知之地,慎之又慎。此圣经之要领,而后贤所切究者也。

【注释】

① 尝:曾经。

② 妄:虚妄,狂妄。

③ 积:积聚。肆:恣纵,放肆。

④ 懔(lǐn):畏惧,恐惧。

⑤ 诚:诚实,真诚。慎:谨慎,慎重。

⑥ 自慊(qiè):自足,自快。密:稠密,多。

⑦ 离合:符合与不符合,接近与不接近。几微:细微,细小。

⑧ 《大学》:原为《礼记》第四十二篇。朱熹将《大学》、《中庸》、《论语》、《孟子》合编注释,称为《四书》,从此《大学》成为儒家经典。格致:"格物致知"的略语,考察事物的原理法则而总结为理性知识。《礼记·大学》:"致知在格物,物格而后知至。"

⑨ 前言:前人的言论。往行:过往的行为,特指先贤的德行。

⑩ 日用:日常,平时。细故:琐事。

⑪ 际:交会,适逢。

⑫ 丽:依附,附着。

⑬ 画然:明察貌,分明貌。灼见:明白透彻的见解。

⑭ 幸：侥幸，希望。察：发觉，觉察。

⑮ 伺：观察，察看。

⑯ 情伪：真假，真诚与虚伪。

⑰ 冥冥：私下，暗中。

⑱ 涓涓：细水缓流貌。

⑲ 屋漏：古代室内西北隅施设小帐，安藏神主，为人所不见的地方，称作"屋漏"。后即用以泛指屋之深暗处。

⑳ 方寸：指心。

【译文】

我曾经说"独"这个东西，是君子和小人共同拥有的。小人以为自己是单独一人的时候，往往会产生非分狂妄的念头，这些非分狂妄的念头积聚得多了就会任意妄为，而欺负别人的坏事就会产生。君子忧惧自己是单独一人的时候，往往会产生真诚无妄的念头，这些真诚无妄的念头积得多了就会小心谨慎，而自我约束的功夫就下得多了。君子、小人在单独处事上的微妙差异，是可以加以评论的了。

《大学》自穷究事物的原理并获得知识以后，前人的言论和行为都可以作为扩充个人知识的资料；日常生活中的琐碎问题也可以加深个人的阅历见识。他的心在遇到事情的时候，已经能剖析公私间的区别；在联系道理的时候，又可以精辟地研究事理的得失。那么，对于善事应当去做，不善之事不应去做，早已清楚地认识到了。而那些小人们，却不能有实实在在的见识，而去实行他所知道的事。因此当眼前有一件善事需要做时，唯恐别人不知道，因而去做时迟疑不决；面临一件不好的事情时，心存侥幸，以为别人不一定能知道，因而拒绝得很不力。背地里独处之时，弄虚作假的念头就产生了，这就是欺骗。而君子，唯恐去办一件善事办得不力,在暗中有堕落的行为;一个坏毛病改正不了,就会像涓涓细流一样长年不断地犯下去。暗室之中却仿佛面对天日,心里坚如金石。在只有自己知道的地方单独行事,一定要慎之又慎。这就是圣人经典中的要领,也是后世贤人所切实探究的问题。

【点评】

君子修身,贵在慎独。"慎独"是古代重要的自我修养方法,指不为外物所左右而保持道德自觉。《礼记·大学》说:"所谓诚其意者,毋自欺也。如恶恶臭,如好好色,此之谓自谦。故君子必慎其独也。"慎独工夫的要点就是诚于中,不自欺,观照自己的起心动念,坚守内心的纯净和生命的本真,由身心合一进而达到天人合一。《礼记·中庸》说:"道也者,不可须臾离也;可离,非道也。是故君子戒慎乎其所不睹,恐惧乎其所不闻。莫见乎隐,莫显乎微。故君子慎其独也。"要想人不知,除非己莫为,不要因为别人看不见就做见不得人的事。慎独是对自己有所要求,时刻检点,防微杜渐,使自己的道德品质高尚起来。

曾国藩改号"涤生",即是取"从前种种,譬如昨日死;从后种种,譬如今日生"的意思。他不仅每天记日记,借以反省自己的言行,而且订下修身十三课,借以约束自己的身心。

一、主敬:整齐严肃,无时不惧。无事时心在腔子里,应事时专一不杂。

二、静坐:每日不拘何时,静坐一会,体验静极生阳来复之仁心。正位凝命,如鼎之镇。

三、早起:黎明即起,醒后勿沾恋。

四、读书不二:一书未点完断不看他书。东翻西阅,都是徇外为人。

五、读史：二十三史每日读十叶，虽有事不间断。

六、写日记：须端楷。凡日间过恶：身过、心过、口过，皆记出。终身不间断。

七、日知其所亡：每日记茶余偶谈一则。分德行门、学问门、经济门、艺术门。

八、月无忘所能：每月作诗文数首，以验积理之多寡、养气之盛否。

九、谨言：刻刻留心。

十、养气：无不可对人言之事。气藏丹田。

十一、保身：谨遵大人手谕：节劳、节欲、节饮食。

十二、作字：早饭后作字。凡笔墨应酬，当作自己功课。

十三、夜不出门：旷功疲神，切戒切戒。

曾子说："吾日三省吾身。"明代杨继盛说："或独坐时，或深夜时，念头一起，则自思曰：这是好念是恶念？若是好念，便扩充起来，必见之行；若是恶念，便禁止勿思。"这些都是做慎独工夫的经验之谈。只有通过来自后天的切磋琢磨，刻苦砥砺，以及二六时中的战战兢兢，如履薄冰，才能克己复礼，进而复归"仁"的道德境界。

修己治人之道，止"勤于邦，俭于家，言忠信，行笃敬"四语[1]，终身用之有不能尽，不在多，亦不在深。

古来圣哲胸怀极广，而可达于德者，约有四端：如笃恭修己而生睿智[2]，程子之说也；至诚感神而致前知[3]，子思之训也；安贫乐道而润身睟面[4]，孔颜曾孟之旨也；观物闲吟而意适神恬，陶白苏陆之趣也。自恨少壮不知努力，老年常多悔惧，于古人心境,不能领取一二⑤。反复寻思,叹喟无已⑥。

【注释】

① 笃敬:笃厚敬肃。《论语·卫灵公》:"言忠信,行笃敬,虽蛮貊之邦行矣。"

② 笃恭:纯厚恭敬。《礼记·中庸》:"君子笃恭而天下平。"

③ 至诚:极为诚恳,诚心诚意。前知:预知,事先知道。《礼记·中庸》:"至诚之道,可以前知。"

④ 润身:谓使自身受益。睟(suì)面:面色润泽。《礼记·大学》:"富润屋,德润身。"

⑤ 一二:少许,一点点。

⑥ 叹喟:叹气,叹息。无已:没有休止。

【译文】

关于自我修养和治理国家的道理,有这样四句话,"勤于政事,节俭治家,言辞忠信可靠,行为诚敬无欺",这是可以终身适用而受益无穷的道理,话不在多少,也不在于多么深刻。

古往今来的圣贤们胸怀极为宽广,而可以到达至圣大德的,大概有四种境界:诚恳谦恭地自我修养而生出聪明睿智,这是二程的主张;精神感动神灵而达到预知未来,这是子思的遗训;安贫乐道而身体健康面色润泽,这是孔子、颜回、曾子、孟子的要旨;游观万物,吟诗作赋而意志安适,精神愉悦,这是陶渊明、白居易、苏轼、陆游的乐趣。我常常后悔自己年轻的时候不知道努力,而到年老体衰时往往生出悔恨忧惧的感觉,对于古代圣哲们的心境情趣,不能稍有领略。只能反复寻思,叹息感慨不已。

【点评】

孔子说:"古之学者为己,今之学者为人。""为人之学"是做给别人看的,只是摆摆样子,很难内化为行为准则;而"为己之学"才是真正提高自我的道德学问,进而提升自我的精神境界的必然之路。所以孔子说:"为仁由己,而由人乎哉!"人生的境界虽有高低,但它全靠个人的努力,并不受外界的影响。孔子说:"知之者不如好之者,好之者不如乐之者。"从"知之者"到"好之者",最后到达"乐之者"的境界,就是实现了不思而得、不勉而中的至善境界,也就是实现了超凡入圣的天人合一境界。

曾国藩在内圣的修养道路上,勤于实践,不断探索。他创立了"五到"之说,就是"身到、心到、眼到、手到、口到"。关于"五到"的具体含义,曾国藩解释说:"身到者,如作吏,则亲验命盗案,亲查乡里;治军则亲巡营垒,亲探贼地是也。心到者,凡事苦心剖析大条理、小条理、始条理、终条理,理其绪而分之,又比其类而合之也。眼到者,著意看人,认真看公牍是也。手到者,于人之短长,事之关键,勤笔记,以备遗忘是也。口到者,使人之事既有公文,又苦口叮嘱也。"

在"五到"说的基础上,他又进一步提出"五勤"说。所谓"五勤",就是:"一曰身勤:险远之路,身往验之;艰苦之境,身亲尝之。二曰眼勤:遇一人,必详细察看;接一文,必反复审阅。三曰手勤:易弃之物,随手收拾;易忘之事,随笔记载。四曰口勤:待同僚,则互相规劝;待下属,则再三训导。五曰心勤:精诚所至,金石亦开;苦思所积,鬼神亦通。"

"五到"、"五勤"之说,都是脚踏实地、事必躬亲的律己之学,也是进德修业、止于至善的为己之学。内圣修养如同逆水行舟,不进则退,要有"只问耕耘,不问收获"的务实精神,才能获得最后的成功。

卷二　砺志

　　君子之立志也，有民胞物与之量①，有内圣外王之业②，而后不忝于父母之生③，不愧为天地之完人。故其为忧也，以不如舜不如周公为忧也④，以德不修学不讲为忧也⑤。是故顽民梗化则忧之⑥，蛮夷猾夏则忧之⑦，小人在位贤才否闭则忧之⑧，匹夫匹妇不被己泽则忧之⑨，所谓悲天命而悯人穷，此君子之所忧也。若夫一身之屈伸，一家之饥饱，世俗之荣辱得失、贵贱毁誉，君子固不暇忧及此也⑩。

【注释】

①　民胞物与：民为同胞，物为同类。泛指爱人和一切物类。

②　内圣外王：古代修身为政的最高理想。谓内备圣人之至德，施之于外，则为王者之政。

③　忝(tiǎn)：羞辱，愧对，辱。

④　舜：传说中的上古帝王，是五帝之一。姚姓，有虞氏，名重华，史称虞舜。舜为四部落联盟首领，以受尧的"禅让"而称帝于天下，其国号为"有虞"。帝舜、大舜、虞帝舜、舜帝皆虞舜之帝王号，故后世以舜简称之。周公：西周初期政治家。姓姬名旦，也称叔旦。文王子，武王弟，成王叔。辅武王灭商。武王崩，成王幼，周公摄政。东平武庚、管叔、蔡叔之叛，继而厘定典章、制度，复营洛邑为东都，作为统治中原的中心，天下臻于大治。后多作圣贤的典范。

⑤　讲：讲习，共同讨论研习学问。

⑥ 顽民：愚妄不化的人。梗化：谓顽固不服从教化。

⑦ 蛮夷：古代对四方边远地区少数民族的泛称。猾夏：扰乱华夏，外族侵扰中原。

⑧ 否闭：闭塞不通。

⑨ 匹夫匹妇：平民男女。泛指普通百姓。

⑩ 不暇：没有空闲，来不及。

【译文】

君子所立的志向，要有民胞物与的器量，有内圣外王的功业，然后才无愧于父母的生养恩情，不愧身为天地间一个完善的人。所以，君子忧虑的是事业功德不如舜帝和周公，是不修养道德不精通学问。因为顽固的刁民难以教化而忧虑，因为野蛮的少数民族侵扰华夏而忧虑，因为小人当道而贤德之人被排斥埋没而忧虑，因为普通老百姓没有得到自己的恩惠帮助而忧虑，这就是通常所说的忧国忧民、怜悯贫弱的优秀品质，也就是君子心中的忧虑。至于一人的成败，一家的温饱，世俗所说的荣誉和耻辱、所得和所失、富贵和贫贱、诽谤和赞美，君子是没有工夫为这些事而忧心费神的。

【点评】

立志是人生的成功之本。苏轼说："古之成大事者，不惟有超世之才，亦必有坚忍不拔之志。"明代王阳明说："夫志，气之帅也，人之命也，木之根也，水之源也。源不浚则流息，根不植则木枯，命不续则人死，志不立则气昏。是以君子之学，无时无处而不以立志为事。"孔子也是"十有五而志于学"，才有了"七十而从心所欲不逾矩"的卓越成就。

志是人生目标的选择，志是人生价值的体现。因此，立志要高远，持志要恒久。孔子要求人们自觉地"志于道"、"志于仁",把道义的实现作为人生的价值目标。他说:"士不可以不弘毅,任重而道远。仁以为己任,不亦重乎? 死而后已,不亦远乎?"志不大则容易实现,使人轻易地处于满足状态,不思进取,所成就者小。只有远大的志向,才能不断地激励人们奋发向上,有所作为,从而培养自强不息的精神和自我超越的品性。所以,一旦立定了志向,就必须独立而不改,周行而不殆。

曾国藩在家书中对子弟们说:"不如安分耐烦,寂处里间,无师无友,挺然特立,作第一等人物。此则我之所期于诸弟者也。"他又说:"人苟能自立志,则圣贤豪杰何事不可为? 何必借助于人!'我欲仁,斯仁至矣。'我欲为孔孟,则日夜孜孜,惟孔孟之是学,人谁得而御我哉? 若自己不立志,则虽日与尧舜禹汤同住,亦彼自彼,我自我矣,何与于我哉?……日月逝矣,再过数年则满三十,不能不趁三十以前立志猛进也!"可见,曾国藩不仅将有志视为取得成功的首要品质,而且主张治学的目的应在于"修身、齐家、治国、平天下",自淑淑世,立己立人。正是因为有了这番民胞物与、修齐治平的宏志大愿,才有了后来曾国藩经历乱世、再造中兴的辉煌事功。

明德、新民、止至善①,皆我分内事也。若读书不能体贴到身上去②,谓此三项与我身了不相涉③,则读书何用? 虽使能文能诗,博雅自诩④,亦只算得识字之牧猪奴耳! 岂得谓之明理有用之人也乎? 朝廷以制艺取士⑤,亦谓其能代圣贤立言,必能明圣贤之理,行圣贤之行,可以居官莅民、整躬率物也⑥。若以明德、新民为分外事⑦,则虽能文能诗,而于修己治人之道实茫然不讲,朝廷用此等人作官,与用牧猪奴作官何以异哉?

【注释】

① 明德：彰明德行。新民：使民更新，教民向善。至善：儒家谓人的道德修养所能达到的最高境界。《礼记·大学》："大学之道，在明明德，在亲民，在止于至善。"

② 体贴：体会。

③ 相涉：相关，互相牵涉。

④ 自诩(xǔ)：自夸。

⑤ 制艺：旧指八股文。

⑥ 居官：担任官职，做官。莅(lì)民：管理百姓。整躬率物：整饬自身做出榜样，以为下属示范。

⑦ 分外：本分之外。

【译文】

明道德、新民众、做善事，这些都是我们分内的事情。如果读了书而不能将书中的道理运用到自己身上去，认为这三件事与我毫不相关，那读书还有什么用呢？即使能写文章作诗赋，也能卖弄自己的学识广博，但这也只能算是认识几个字的牧童而已，怎么能够称得上是深明事理的有用之才呢？朝廷以科举文章来选拔人才，正是认为这些人能够按照圣人的意图立论写文章，一定也明白圣贤的道理，践履圣贤的行为，因此能为官管理民众，以身作则来引导和带领其他的人。如果把宣扬德化、教导百姓看成是分外的事情，那么他虽然能写文章能作诗赋，但对修养自身、治理国家的道理茫然无知，朝廷任用这样的人做官，和任用牧童做官又有什么区别呢？

【点评】

曾国藩初到京师时，未免六神无主，导致心神不宁，于是发奋立志，改名国藩，暗寓"为国藩篱"之意。他给朋友的信中写道："凡仆之所志，其大者盖欲行仁义于天下，使万物各得其分；其小者则欲寡过于身，行道于妻子，立不悖之言以垂教于宗族乡党。"他是遵循"修齐治平"的传统理论来要求自己，实现"澄清天下"的宏愿和决心，并做《五箴》一首以自励：

一、立志箴。煌煌先哲，彼不犹人。藐焉小子，亦父母之身。聪明福禄，予我者厚哉！弃天而佚，是及凶灾。积悔累千，其终也已。往者不可追，请从今始。荷道以躬，舆之以言；一息尚活，永矢弗谖。

二、居敬箴。天地定位，二五胚胎。鼎焉作配，实曰三才。俨恪斋明，以凝女命。女之不庄，伐生戕性。谁人可慢？何事可弛？弛事者无成，慢人者反尔。纵彼不反，亦长吾骄。人则下女，天罚昭昭。

三、主静箴。斋宿日观，天鸡一鸣。万籁俱息，但闻钟声。后有毒蛇，前有猛虎，神定不慑，谁敢余侮？岂伊避人，日对三军。我虑则一，彼纷不纷。驰骛半生，曾不自主。今其老矣，殆扰扰以终古。

四、谨言箴。巧语悦人，自扰其身。闲言送日，亦搅女神。解人不夸，夸者不解。道听途说，智笑愚骇。骇者终明，谓女实欺。笑者鄙女，虽矢犹疑。尤悔既丛，铭以自攻。铭而复蹈，嗟女既耄。

五、有恒箴。自吾识字，百历泪兹。二十有八载，则无一知。曩之所忻，阅时而鄙。故者既抛，新者旋徙。德业之不常，是为物牵。尔之再食，曾未闻或愆。黍黍之增，久乃盈斗。天君司命，敢告马走。

在为什么读书的问题上，曾国藩有着明确的答案："明德、新民、止至善，皆我分内事也。若读书不能体贴到身上去，谓此三项与我身了不相涉，则读书何用？"他在给弟弟的书信中说："吾辈读书，只有二事：一者进德之事，讲求乎诚正修齐之道，以图无忝所生；一者修业之事，操习乎记诵词章之术，以图自卫其身。"他认为读书大可进德立功，报国为民，小可修业谋生，自卫其身，反对为了一体之屈伸、一家之饥饱而读书。

累月奔驰酬应^①，犹能不失常课，当可日进无已^②。人生惟有常是第一美德。余早年于作字一道，亦尝苦思力索^③，终无所成。近日朝朝摹写^④，久不间断，遂觉月异而岁不同。可见年无分老少，事无分难易，但行之有恒，自如种树畜养，日见其大而不觉耳。进之以猛，持之以恒，不过一二年，精进而不觉。言语迟钝^⑤，举止端重，则德进矣。作文有峥嵘雄快之气^⑥，则业进矣。

【注释】

① 累月：多月，接连几月。奔驰：奔波，奔走。酬应：应酬，交际往来。

② 无已：无止境，无了时。

③ 力索：竭力探索。

④ 朝朝：天天，每天。摹写：照原作临摹。

⑤ 迟钝：缓慢，稳重。

⑥ 峥嵘：卓越，不平凡。雄快：豪爽痛快。

【译文】

长年累月在外奔波应酬，还能坚持日常功课进行学习，当然能够日有所进，不会止息。人生只有做事有恒是第一美德。我早年对于书法一道，也曾苦力探究，但始终无所成就。近日来，天天摹写，没有间断，就觉得日新月异，写的字每月都有长进。可见年龄不分老少，事情不分难易，只要持之以恒，就像种树和养家畜一样，每天看着它长大却感觉不到。奋力前行，坚持不懈，不过一两年的工夫，自然会有无形的长进。言语沉稳，举止端重，则品德性情自然就会有所长进。文章有峥嵘雄快的气象，则学业有长进。

【点评】

立志已定，便要付诸实践，这时就需要在"恒"字上下工夫。曾国藩说："盖士人读书，第一要有志，第二要有识，第三要有恒。有志则断不甘为下流；有识则知学问无尽，不敢以一得自足，如河伯之观海，如井蛙之窥天，皆无识者也；有恒则断无不成之事。此三者缺一不可。"他从道光十九年（1839）开始写日记，后来虽然曾有间断，但时间不多；从咸丰八年（1858）六月起，日记就不曾中断一天，即使行军、生病的时候，也照记不误。仅此一端，就可以看出曾国藩持之以恒的毅力了。

但是，曾国藩并不认为自己达到了"有恒"的标准。他在书信和日记中，对自己的"无恒"深自反省。他给友人写信说："国藩生平坐'不敬'、'无恒'二事，行年五十，百无一成，深自愧恨，故近于知交门徒及姻戚子弟，必以此二者相告……至于'有恒'二字，尤不易言。大抵看书与读书，须画然分为两事……看书宜多、宜速，不速则不能看毕，是无恒也；读书宜精、宜熟，能熟而不能完，是亦无恒也。足下观阅《八家文选》，即须将全部看完，如其中最好欧阳公之文，即将欧文抄袭几篇，切不可将看与读混为一事，尤不可因看之无味，遂不看完，致蹈无恒之弊。"

另外，曾国藩意识到"无恒"的原因还由于立志不坚，立志不真，所谓"无志之人常立志"。因此，他常常告诫子弟们真立志，立长志。他说："苟能发奋自立，则家塾可读书，即旷野之地，热闹之场，亦可读书，负薪牧豕，皆可读书。苟不能发奋自立，则家塾不宜读书，即清净之乡，神仙之境，皆不能读书。何必择地？何必择时？但自问立志之真不真耳！"

卷三　家范

　　家中兄弟子侄,惟当记祖父之八个字,曰:"考、宝、早、扫、书、蔬、鱼、猪。"又谨记祖父三不信,曰:"不信地仙、不信医药、不信僧巫。"余日记册中又有八本之说,曰:"读书以训诂为本,作诗文以声调为本,事亲以得欢心为本,养生以戒恼怒为本,立身以不妄语为本,居家以不晏起为本①,作官以不要钱为本,行军以不扰民为本。"此八本者,皆余阅历而确有把握之论②,弟亦当教诸子侄谨记之。无论世之治乱,家之贫富,但能守星冈公之八字与余之八本③,总不失为上等人家。

【注释】

① 晏起:很晚才起床。

② 阅历:经历。

③ 星冈公:指曾玉屏,号星冈,曾国藩之祖父。有三子,长子曾麟书即曾国藩之父。

【译文】

　　家中的兄弟子侄,应当牢记祖父训诫的八个字:"考、宝、早、扫、书、蔬、鱼、猪。"还应当谨记祖父的"三不信"说法:"不信地仙、不信医药、不信僧巫。"我的日记中又有"八本"的说法:"读书以训诂为本,作诗文以声调为本,事亲以得欢心为本,养生以戒恼怒为本,立身以不妄语为本,居家以不晏起为本,作官以不要钱为本,行军以不扰民为本。"这"八本"都是我通过亲身经历总结出的行之有效的经验之谈,弟弟应当教导各位侄子,让他们谨记教诲。无论是盛世还是乱世,家境贫寒

117

还是富裕，只要能谨守祖父的"八字"之说和我的"八本"之说，都不失为受人尊敬的上等人家。

【点评】

世事洞明皆学问，人情练达即文章。家训就是先辈留给子孙立身处世、持家治业的教诲宝典，也是维护家族伦理纲常的道德规范和行为指南，最早可以追溯到周公告诫子侄周成王的诰辞。在《大学》八纲目中，后面三纲"齐家、治国、平天下"是"外治"，与"修身"一纲连在一起就是"兼善天下"。因此，家训作为齐家的教育课本，深受世人的推崇，如《颜氏家训》、《朱子治家格言》等，至今脍炙人口。而且，家训中记载了很多治家教子的名言警句，如"一粥一饭，当思来处不易；半丝半缕，恒念物力维艰"的节俭持家思想，今天看来仍有积极意义。

曾国藩提到的"八字"、"八本"和"三不信"，就是从家庭传统美德中总结出来的妙谛，编成朗朗上口的韵语口诀，便于家族成员记诵和遵守，具有很强的实用性。曾国藩一生崇尚朴实，认为"绝大学问，即在家庭日用之间"。比如，"八字诀"就是"考、宝、早、扫、书、蔬、鱼、猪"，内容看似简单，其实蕴含了丰富的含义，既有对日常生活的规范，也有对传统文化的继承与发扬。

考，是指祭祖。祭祀祖先，追怀先人，提倡孝道精神，这也是"慎终追远，民德归厚"的传统美德。孝亲，养亲，敬亲，顺亲，是子女对父母的一种善行和美德，是家庭中晚辈在处理与长辈的关系时应该具有的道德品质和必须遵守的行为规范。

宝，是指睦邻。善待亲族，和睦邻里，有急必周济之，有讼必排解之，有喜必庆贺之，有疾必问，有丧必吊。孟子说："乡里同井，出入相友，守望相助，疾病相扶持，则百姓亲睦。"邻里之间互相串门，嘘寒问暖,建立友爱互助的和谐邻里关系,有利于居住环境的安定和融洽。

早,是指早起。扫,是指洒扫。《朱子治家格言》说:"黎明即起,洒扫庭除。"早起可以增加生气,符合养生法则。一日之计在于晨,早起也是勤快的象征,做好清洁卫生,有助于培养家庭勤俭孝友的品德。

书,是指读书。蔬,是指蔬菜。鱼,是指养鱼。猪,是指喂猪。这是中国传统农业社会的生存状态,种植、养殖是其根本,和读书联系在一起,则体现和继承了耕读文化的生活方式。古人云:"奉祖宗一炷清香,必诚必敬;教儿孙两条正道,宜耕宜读。"耕读之家,最为长久。

士大夫之家不旋踵而败①,往往不如乡里耕读人家之耐久②。所以致败之由大约不出数端。家败之道有四,曰:礼仪全废者败;兄弟欺诈者败;妇女淫乱者败;子弟傲慢者败。身败之道有四,曰:骄盈凌物者败③;昏惰任下者败④;贪刻兼至者败⑤;反复无信者败。未有八者全无一失而无故倾覆者也⑥。

【注释】

① 不旋踵:来不及转身,喻时间极短。败:衰败,衰落。
② 耕读:指既从事农业劳动又读书或教学。
③ 骄盈:骄傲自满。凌物:谓傲视、凌辱他人。
④ 昏惰:昏昧怠惰,懒怠。任下:放纵下属。
⑤ 贪刻:贪婪刻薄。
⑥ 倾覆:颠覆,覆灭。

【译文】

士大夫之家有的很快衰败,往往比不上乡村耕读人家的家运持久。士大夫家族之所以会衰败的原因大概有以下几个方面。使家业衰败的原因有四:不讲求礼仪的人家会衰败;兄弟之间相互欺诈的人家会衰败;妇女淫荡秽乱的人家会衰败;家族子弟傲慢横行的人家会衰败。使自身衰败的原因也有四:骄横傲慢、恃才傲物的人衰败;是非不明、放纵下属的人衰败;贪婪苛刻、求全责备的人衰败;反复无常、没有信誉的人衰败。从来没有听说过在以上这八个方面都没有任何过失而无故败家覆身的人。

【点评】

家庭环境对于后代的影响,至关重要。比如,官宦人家的子弟多骄横傲慢、颐指气使而不肯脚踏实地;商贾人家的子弟多骄奢淫逸、沉溺享乐而很难振作精神;工农人家的子弟虽然朴实,却多因社会地位低微而限制了眼界;读书人家的子弟虽然明理,却往往缺乏吃苦耐劳的品德。比较而言,耕读人家的子弟则较有出息。所以,曾国藩说:"士大夫之家不旋踵而败,往往不如乡里耕读人家之耐久。"也就是说,在官宦、商贾、农、工等各种家庭中,还是耕读家庭对于培养后代、延续家业最有好处。因此,曾国藩决心继承祖上遗风,以耕读孝友传家,而"不重其为仕宦起见"。他说:"凡世家子弟衣食起居,无一不与寒士相同,庶可以成大器;若沾染富贵习气,则难望有成。"

曾国藩分析家道中落的原因,一是不会齐家,礼仪全废、兄弟欺诈、妇女淫乱、子弟傲慢最终导致家败;二是不去修身,骄盈凌物、昏惰任下、贪刻兼至、反复无信最终导致身败。他说:"巧招杀,忮招杀,吝招杀;孝致祥,勤致祥,恕致祥。"孝悌、勤俭、忠恕自然带来祥和;相反,虚伪、嫉恨、吝啬必然招致败亡。因此,家庭成员之间应该团结友爱。他说:"至于兄弟之际,吾亦惟爱之以德,不欲爱之以姑息。教之以勤俭,劝之以习劳守朴,爱兄弟以德也。丰衣美食,俯仰如意,爱兄弟以姑息也。姑息之爱,使兄弟惰肢体,长骄气,将来丧德亏行。是即我率兄弟以不孝也,吾不敢也。"这种爱,并非姑息之爱,而是爱之以德,教之以礼。这样的家庭,怎么能够不兴旺发达呢?

　　凡天下官宦之家①,多只一代享用便尽。其子孙始而骄佚②,继而流荡③,终而沟壑④,能庆延一二代者鲜矣⑤。商贾之家,勤俭者能延三四代;耕读之家,谨朴者能延五六代⑥;孝友之家⑦,则可以绵延十代八代。我今赖祖宗之积累,少年早达⑧,深恐其以一身享用殆尽⑨,故教诸弟及儿辈,但愿其为耕读孝友之家,不愿其为仕宦之家。

　　若不能看透此层道理,则虽巍科显宦⑩,终算不得祖父之贤肖,我家之功臣。若能看透此道理,则我钦佩之至。澄弟每以我升官得差⑪,便谓我肖子贤孙,殊不知此非贤肖也⑫。如以此为贤肖,则李林甫、卢怀慎辈⑬,何尝不位极人臣⑭,焰奕一时⑮,讵得谓之贤肖哉⑯?予自问学浅识薄,谬膺高位⑰,然所刻刻留心者⑱,此时虽在宦海之中,却时作上岸之计。要令罢官家居之日,己身可以淡泊,妻子可以服劳⑲,可以对祖父兄弟,可以对宗族乡党。如是而已。

【注释】

　　① 官宦:泛指官员。

　　② 骄佚:骄奢安逸。

　　③ 流荡:放荡,不受拘束。

④ 沟壑:溪谷,山涧。此处是死的意思。

⑤ 庆延:谓福泽绵延。

⑥ 谨朴:谨慎淳朴。

⑦ 孝友:事父母孝顺,对兄弟友爱。

⑧ 早达:年少显达。

⑨ 殆尽:几乎罄尽。

⑩ 巍科:犹高第,古代称科举考试名次在前者。显宦:旧时指职
位高、声势显赫的官吏。

⑪ 澄弟:指曾国藩弟弟曾国潢(1820—1886)。原名国英,字澄
侯,族中排行第四。

⑫ 殊不知:竟不知道。

⑬ 李林甫(683—752):唐宗室,小字哥奴,唐玄宗李隆基时的著
名宰相,时人称他"口有蜜,腹有剑"。卢怀慎(?—716):滑州
灵昌(今河南滑县西南)人,玄宗开元元年(713)为宰相,生前
有"伴食宰相"的贬称。

⑭ 位极人臣:泛指身为重臣,官位很高。

⑮ 焄(xì)奕:光耀,显耀。

⑯ 讵得:岂能,怎能。

⑰ 膺:因被任命、提升或被选举而担任某职。高位:显贵的职位。

⑱ 刻刻:每时每刻。

⑲ 服劳:服事效劳。

【译文】

凡是天下官宦人家,大多数仅仅一代就将家业享用殆尽,其子孙
们起初骄横懒散,继而漂泊流荡,最终死于沟壑,能够有幸延续家声一

二代的实在非常罕见。至于商贾巨富之家，勤俭持家的能够延续享用三四代；耕读人家，谨慎俭朴的能够延续五六代；孝敬长辈、与人为善的人家，能够延续十代八代的样子。我今生依赖祖宗累积的德行，能够少年得志、家业发达，却唯恐我一个人享用殆尽，所以教导各位弟弟和侄儿辈，希望共同立志发奋，使我们家成为耕读、孝悌、友善、和睦的家族，而不愿成为一般的官宦人家。

如果不能看透这层道理，那么即使科举高中、官位显赫，也终究算不得祖父的贤能孝义的子孙，算不得我们家的大功臣。如果能识透这番道理，那么我将钦佩之至。澄弟一直认为我升官得志，便说我是孝子贤孙，殊不知这并不是贤德孝义啊！如果以此为贤孝之举，那么李林甫、卢怀慎之流，何尝不是位极人臣、显赫一时的人物，岂能说他们也是贤孝之人吗？我深知自己学浅才疏，误登高位显爵，于是事事留心，时时在意，现在我虽然身在仕途宦海之中，却时刻做着弃官上岸的打算。希望能够在我弃官回家的时候，自身可以淡泊名利，妻儿可以担任劳作，这样才对得起祖父和各位兄弟，也对得起宗族乡亲。仅此而已。

【点评】

忠厚传家久，诗书继世长。曾国藩从历史经验和社会阅历出发，指出家业能否绵延久远，并不在于出身官宦人家或者商贾巨富，而主要在于家风，即核心价值观的建设。也就是说，家庭内部个体与群体之间、家庭内部与外部社会之间，要建立耕读、孝悌、友善、和睦、勤俭、谨朴等价值观，这些不但具有普遍性，而且具有实践性。

因此，曾国藩非常重视家教，要求家族成员养成勤俭自持的良好习惯。他说："若农夫织妇终岁勤动，以成数石之粟，数尺之布；而富贵之家终岁逸乐,不营一业,而食必珍馐,衣必锦绣,酣豢高眠,一呼百诺,此天下最不平之事,鬼神所不许也,其能久乎?"他不仅如是说,而且还身体力行:"勤俭自持,习劳习苦,可以处乐,可以处约,此君子也。余服官二十年,不敢稍染官宦气习,饮食起居,尚守寒素家风,极俭也可,略丰也可,太丰则不敢也。"

曾国藩还敦促家人每日坚持学习。他说:"吾家男子于看、读、写、作四字缺一不可。妇女于衣、食、粗、细四字缺一不可。"值得注意的是,他对女子教育格外重视,亲自为家中妇女制定功课表:"早饭后:做小菜、点心、酒、酱之类(食事)。巳午刻:纺花或绩麻(衣事)。中饭后:做针黹、刺绣之类(细工)。酉刻(过二更后):做男鞋、女鞋或缝衣(粗工)。"正是因为曾国藩治家有方,所以兄弟多有建树,子孙也人才辈出。这对今天的家庭教育具有积极的借鉴意义。

卷四　明强

　　三达德之首曰智①。智即明也。古来豪杰，动称英雄②。英即明也。明有二端：人见其近，吾见其远，曰高明；人见其粗，吾见其细，曰精明。高明者，譬如室中所见有限，登楼则所见远矣，登山则所见更远矣。精明者，譬如至微之物，以显微镜照之，则加大一倍、十倍、百倍矣。又如粗糙之米，再舂则粗糠全去③，三舂、四舂，则精白绝伦矣。

　　高明由于天分④，精明由于学问。吾兄弟忝居大家⑤，天分均不甚高明，专赖学问以求精明。好问若买显微之镜，好学若舂上熟之米。总须心中极明，而后口中可断。能明而断谓之英断，不明而断谓之武断。武断自己之事，为害犹浅；武断他人之事，招怨实深。惟谦退而不肯轻断，最足养福。

【注释】

　　① 三达德：指智、仁、勇。达德，通行不变的道德。《礼记·中庸》："知、仁、勇三者，天下之达德也。"

　　② 动：动不动，常常。

　　③ 舂：把东西放在石臼或乳钵里捣掉皮壳或捣碎。粗糠：即糠。稻、麦、谷子等农作物子实的皮或壳。

　　④ 天分：天资，天赋。

　　⑤ 大家：巨室，世家望族。古指卿大夫之家。

【译文】

　　"智、仁、勇"这三个通行不变的德行中，排在首位的是"智"。智就是明的意思。古往今来，豪杰志士、才能特出的人都被称为英雄。英也就是明的意思。明有两个方面：一般人只看到近前的事物，我则可以看见更加深远的事物，这叫高明；一般人只看到粗大显眼的东西或者事物明显的方面，我则可以看见更加细微的东西或者事物细微的方面，这叫精明。这里所说的高明，好比身处一室之中，人们只能看到近处的景物，如果登上高楼就看得远了，如果登上高山就看得更远了。而精明，就如极为细微之物，用显微镜照它，会放大一倍、十倍、百倍。又如满是粗糠的糙米，捣两遍就可以除去粗糠，捣上三遍四遍，就精细白净到极点了。

人是否高明，取决于天赋资质，而精明全赖于后天钻研学问的程度。我们兄弟如今侥幸身居高位，我们天赋资质都不算很高明，全靠勤学好问来求得精明。好问如同购买显微镜，可深知极细微的方面；好学如同将米捣舂了好几遍，可去粗取精。总之，必须心中了如指掌，而后口中说出自己的决断。对事物能了解明白后再做决断，就叫英断。不明所以，糊里糊涂就做决断，这就叫武断。武断自己的事情，产生的危害还不大；武断他人的事情，招致的怨恨就很深了。只有谦虚退让而不轻易下决断，才足以保住福分。

【点评】

曾国藩一生以"倔强"而出名，晚年时还说："至于倔强二字，却不可少。功业文章，皆须有此二字贯注其中，否则柔靡不能成一事。孟子所谓至刚，孔子所谓贞固，皆从倔强二字做出。"龙梦荪在《曾文正公学案序》中说："虽极人世艰苦之境，而不曾少易其心；虽遇千挫百折之阻，亦不足以夺其志。"

但是，曾国藩的"倔强"，并非一味莽撞前行，也非一味刚愎自用。

他一再强调,"强"自"明"出。他认为,"明"有两种,一是高明,二是精明。"明"的获得,除了天赋的资质外,全靠后天的勤学好问。曾国藩的"明强"思想,正是在宦海浮沉的惊风骇浪中总结出来的。曾国藩告诫弟弟,处处显露精明,其实处处不精明,很可能带来灾难,实非载福之道,因此要学会可行可藏,不怨不尤。他说:"兄自问近年得力,惟有一悔字诀。兄昔年自负本领甚大,可屈可伸,可行可藏,又每见得人家不是。自从丁巳、戊午大悔大悟之后,乃知自己全无本领,凡事都见得人家有几分是处。故自戊午至今九载,与四十岁以前迥不相同,大约以能立能达为体,以不怨不尤为用。立者,发奋自强,站得住也;达者,办事圆融,行得通也。""悔"字,就是悔过自新之谓。曾国藩悟出一个道理,即自己并非本领甚大,成功也非一味硬干,还需要智慧的明灯照亮前路。老子说:"知人者智,自知者明。"曾国藩的明强并用,意味着他的思想进入了一个新的境界。

　　担当大事,全在明强二字。《中庸》学、问、思、辨、行五者[1],其要归于愚必明[2],柔必强。凡事非气不举[3],非刚不济[4],即修身齐家,亦须以明强为本。难禁风浪四字譬还,甚好甚慰。古来豪杰皆以此四字为大忌。吾家祖父教人,亦以懦弱无刚四字为大耻。故男儿自立,必须有倔强之气[5]。惟数万人困于坚城之下,最易暗销锐气。弟能养数万人之刚气而久不销损[6],此是过人之处,更宜从此加功。

【注释】

　　① 此指《礼记·中庸》:"博学之,审问之,慎思之,明辨之,笃

行之。"

② 要：要点，纲要。

③ 举：兴起，发动。

④ 济：成就。

⑤ 倔强：刚强，不屈服。

⑥ 销损：消耗减损。

【译文】

想要担当大事，全要在明强这两个字上下工夫。《中庸》中的学、问、思、辨、行这五个方面，其要旨归结起来就是使糊涂的变得聪明，使柔弱的变得刚强。天下的事，没有志气就不能去做，做事不坚定就不能成功，即使是修身养家，也必须以明强为根本。以"难禁风浪"四个字做譬喻，说得很好，大慰我心。自古以来豪杰之士都以这四个字作为大忌。我祖父教导别人，也是以"懦弱无刚"四字作为大耻。所以男儿自立于世，一定要有刚强不屈的气概。只是数万人被困在坚固的城池之下，最容易暗中消磨锐气。老弟能够保养数万人的刚猛士气，长时间不至于消靡折损，这是你的过人之处，以后更应在这方面下工夫。

【点评】

曾国藩认为，不论是修身养家，还是担当大事，都要以明强为本。所谓英雄豪杰，都是时代的弄潮儿，能够在风浪的冲击中挺然特立，作第一等人物，所谓"男儿自立，必须有倔强之气"。曾国藩的"倔强"渊源有自，一方面是祖父的教导，"吾家祖父教人，也以'懦弱无刚'四字为大耻"；另一方面是母教的熏陶，"吾兄弟皆受母德居多，其好处亦正在倔强"。这让他养成了一种咬牙立志、不肯认输的脾气。他自己将之称为"打脱牙，和血吞"的"挺"字功夫。

需要注意的是，曾国藩所说的倔强，绝非刚愎自用。他说："至于强毅之气，决不可无，然强毅与刚愎有别。古语云自胜之谓强。曰强制，曰强恕，曰强为善，皆自胜之义也。如不惯早起，而强之未明即起；不惯庄敬，而强之坐尸立斋；不惯劳苦，而强之与士卒同甘苦，强之勤劳不倦。是即强也。不惯有恒，而强之贞恒，即毅也。舍此而求以客气胜人，是刚愎而已矣。二者相似，而其流相去霄壤，不可不察，不可不谨。"也就是说，一般人对于"倔强"的理解，容易流为固执己见，不合时宜。因此，曾国藩特意拈出"明"字。所谓"明"，就是要明于事，明于理，明于人，明于我，审时度势，深谋远虑，认准目标，把"强"字用在刀刃上，使"强"字有英雄用武之地。也就是说，有了"明"的引导，才可以期待"强"的圆满结果。

凡国之强，必须多得贤臣工①；家之强，必须多出贤子弟②。此亦关乎天命，不尽由于人谋。至一身之强，则不外乎北宫黝、孟施舍、曾子三种③。孟子之集义而慊④，即曾子之自反而缩也⑤。惟曾、孟与孔子告仲由之强⑥，略为可久可常。此外斗智斗力之强，则有因强而大兴，亦有因强而大败。古来如李斯、曹操、董卓、杨素⑦，其智力皆横绝一世，而其祸败亦迥异寻常。近世如陆、何、肃、陈亦皆予知自雄⑧，而俱不保其终。故吾辈在自修处求强则可，在胜人处求强则不可。福益外家，若专在胜人处求强，其能强到底与否尚未可知。即使终身强横安稳，亦君子所不屑道也。

【注释】

① 臣工：群臣百官。

② 子弟：泛指年轻的后辈。

③ 北宫黝：姓北宫，名黝，战国时齐国人。孟施舍：生平不详。曾
子：曾参，姓曾，名参，字子舆，春秋末年鲁国人，孔子的学生。

④ 孟子：孟轲（前372—前289），名轲，字子舆，战国时期邹国人。
中国古代著名思想家、教育家，战国时期儒家代表人物。有
"亚圣"之称，与孔子合称为"孔孟"。集义：犹积善，谓行事合
乎道义。《孟子·公孙丑上》："其为气也……是集义所生者，
非义袭而取之也。"慊（qiè）：满足，满意。

⑤ 自反：反躬自问，自己反省。

⑥ 仲由（前542—前480）：字子路，又字季路，春秋末鲁国卞邑
（今山东平邑县仲村镇）人，孔子的学生。

⑦ 李斯（约前280—前208）：秦朝丞相，河南驻马店上蔡县人，中
国历史上著名的政治家、文学家和书法家。李斯协助秦始皇
统一天下；秦统一之后，李斯参与制定了秦朝的法律制度，力
排众议主张实行郡县制、废除分封制，提出并且主持了文字、
车轨、货币、度量衡的统一。李斯政治主张的实施对中国和世
界产生了深远的影响，奠定了中国两千多年政治制度的基本
格局。曹操（155—220）：字孟德，一名吉利，小字阿瞒，沛国谯
（今安徽亳州）人，东汉末年杰出的政治家、军事家、文学家、书
法家。三国中曹魏政权的缔造者，以汉天子的名义征讨四方，
对内消灭二袁、吕布、刘表、韩遂等割据势力，对外降服南匈
奴、乌桓、鲜卑等，统一了中国北方，并实行一系列政策恢复经

济生产和社会秩序,奠定了曹魏立国的基础。曹操在世时,担任东汉丞相,后为魏王,去世后谥号为武王。其子曹丕称帝后,追尊为武皇帝,庙号太祖。董卓(? —192):字仲颖,陇西临洮(今甘肃岷县)人。东汉末年少帝、献帝时权臣,凉州军阀。官至太师,封郿侯。后被其亲信吕布所杀,余部由李傕等人率领。杨素(544—606):字处道,弘农华阴(今属陕西)人。隋朝权臣、诗人,杰出的军事家、统帅。北周时任车骑将军;灭陈后,进爵为越国公,任内史令;杨广即位,拜司徒,改封楚国公。去世后谥曰景武。

⑧ 陆、何、肃、陈:指陆建瀛、何桂清、肃顺和陈孚恩。陆建瀛(1792—1853),字立夫,湖北沔阳(今仙桃市)人。道光二年进士,官至两江总督。咸丰三年,江宁城破时死于太平军手中。何桂清(1816—1862),字丛山,号根云,云南昆明人。道光十五年进士,官至两江总督。咸丰十年,在太平军的打击下弃城逃命,后被朝廷斩首。肃顺(1816—1861),清末重臣,满洲镶蓝旗人,出身宗室贵族,爱新觉罗氏,字雨亭。历任御前大臣、总管内务府大臣、户部尚书、协办大学士等职,是咸丰帝顾命八大臣之一。"辛酉政变"中被斩首于菜市口。陈孚恩(1802—1866),字少默,号子鹤,别号紫蘁,江西新城县(今黎川县)人。道光五年拔贡,仕至吏部尚书、军机大臣,为肃顺党羽,后被抄家,发配新疆。这四人的共同特点是为人强梁而下场都惨。自雄:自豪,自以为了不起。

【译文】

凡是国家强盛的,一定是得到众多贤臣良相的辅佐;凡是家族兴旺的,一定是出了许多贤良忠孝的子孙。这也是关系到天道运命,不全是出于个人的谋划。至于一个人的强胜,则不外乎北宫黝、孟施舍、曾子三种情形。孟子能够积集仁义,使自己慨然自得,等同于曾子的无愧于心而理直气壮。只有实践曾子、孟子和孔子告诉仲由强胜的道理,自身的强胜才可以保持长久。此外斗智斗力的强胜,有因为强胜而迅速兴旺的,也有因为强胜而彻底惨败的。古时人如李斯、曹操、董卓、杨素等人,他们的智力都卓绝一世,而他们的灾祸与失败也超乎寻常。近世人像陆、何、肃、陈也都知道自己胆力超群,却都不能保持强盛到最后。所以我们在自己弱的地方,需要自修的地方,求得强胜就好;而在比别人强的地方,谋求更大的强胜就不好了。福气和利益都是身外之物,一个人如果专门在胜人处逞强,那么是否真能强到底,却都不能预料。即使是终身强横乡里安稳度日,这也是有道德的君子所不屑提起的。

【点评】

老子说:"胜人者有力,自胜者强。"曾国藩也认为,强有两种。一种是不可久长的斗智斗力之强,"古来如李斯、曹操、董卓、杨素,其智力皆横绝一世,而其祸败亦迥异寻常。近世如陆、何、肃、陈亦皆予知自雄,而俱不保其终";另一种是可久可长的"曾、孟与孔子告仲由之强"。《孟子·公孙丑》载:"昔者曾子谓子襄曰:子好勇乎?吾尝闻大勇于夫子矣。自反而不缩,虽褐宽博,吾不惴焉;自反而缩,虽千万人,吾往矣。"曾国藩所追求的,正是这种"自反而缩"的强。因此,曾国藩说:"故吾辈在自修处求强则可,在胜人处求强则不可。"

曾国藩不仅自己实践明强的心法,而且也时常教导弟侄们遵循明强的原则行事。他说:"强字原是美德,余前寄信亦谓明强二字断不可少。第强字须从明字做出,然后始终不可屈挠。若全不明白,一味横蛮,待他人折之以至理,证之以后效,又复俯首输服,则前强而后弱,京师所谓瞎闹者也。余亦并非不要强之人,特以耳目太短,见事不能明透,故不肯轻于一发耳。又吾辈方鼎盛之时,委员在外,气焰薰灼,言语放肆,往往令人难近。吾辈若专尚强劲,不少敛抑,则委员仆从等不闹大祸不止。"因此,曾国藩的"明强"之法值得称道。

卷五　坚忍

　　子长尚黄老^①，进游侠^②，班孟坚讥之^③，盖实录也^④。好游侠，故数称坚忍卓绝之行。如屈原、虞卿、田横、侯嬴、田光及此篇之述贯高皆是^⑤。尚黄老，故数称脱屣富贵、厌世弃俗之人^⑥。如本纪以黄帝第一，世家以吴太伯第一，列传以伯夷第一，皆其指也^⑦。此赞称张、陈与太伯、季札异，亦谓其不能遗外势利、弃屣天下耳^⑧。

【注释】

① 子长：司马迁（前 145 或前 135—前 87？），字子长，西汉夏阳（今陕西韩城，一说山西河津）人，中国古代伟大的史学家、文学家、思想家。他最大的贡献是创作了中国第一部纪传体通史《史记》，鲁迅誉之为"史家之绝唱，无韵之离骚"。黄老：黄帝和老子的并称，后世道家奉为始祖。

② 游侠：古代称豪爽好结交，轻生重义，勇于排难解纷的人。

③ 班孟坚：班固（32—92），字孟坚，史学家班彪之子，扶风安陵（今陕西咸阳东北）人。东汉官吏、史学家、文学家。除兰台令史，迁为郎，典校秘书，潜心二十余年，修成《汉书》；后迁玄武司马，撰《白虎通德论》；征匈奴为中护军，兵败受牵连，死狱中。善辞赋，有《两都赋》等。

④ 实录：符合实际的记载。

⑤ 屈原（约前 340—前 278）：名平，字原，楚国丹阳（今湖北秭归）人，中国古代伟大的爱国诗人，战国时期楚国贵族出身，

曾任三闾大夫、左徒,兼管内政外交大事。他主张对内举贤能,修明法度,对外力主联齐抗秦。后因遭贵族排挤,被流放沅、湘流域。秦将白起攻破楚国郢都时,屈原在汨罗江怀石自杀。他在楚国民歌的基础上创造了新的诗歌体裁"楚辞",成为中国古代浪漫主义诗歌的奠基者。其主要作品有《离骚》、《九章》、《九歌》等。虞卿:战国名士,邯郸人。他长于战略谋划,在长平之战前主张联合楚魏迫秦媾和;邯郸解围后,力斥赵郝、楼缓的媚秦政策,坚持主张以赵为主联合齐魏抵抗秦国。后因拯救魏相魏齐,抛弃高官厚禄离开赵国,终困于梁,遂发愤著书。著有《虞氏征传》、《虞氏春秋》15篇。田横:秦末群雄之一,原为齐国贵族,在陈胜吴广起义后,也反秦自立。后汉高祖刘邦统一天下,田横不肯称臣于汉,自刎而死,五百部属亦全部自杀。侯嬴(?—前257):战国时魏国人。家贫,年老时始为大梁(今河南开封)监门小吏。信陵君慕名往访,亲自执辔御车,迎为上客。前257年,秦急攻赵,围邯郸(今河北邯郸),赵请救于魏。魏王命将军晋鄙领兵十万救赵,中途停兵不进。侯嬴献计窃得兵符,夺权代将,救赵却秦。因自感对魏君不忠,自刭而死。田光(?—前227):战国时期燕之处士,学识渊博,智勇双全,时人誉为"节侠"。晚年举荐荆轲给太子丹,为打消太子丹泄露消息的疑虑而拔剑自刎。贯高(?—前198):秦末张耳门客,后为赵国丞相,因不满刘邦对其主蛮横无理而密谋刺杀刘邦,后事泄自杀。

⑥ 脱屣(xǐ):比喻看得很轻,无所顾恋,犹如脱掉鞋子。

⑦ 指：通"旨"，意旨，意向。

⑧ 弃屣：扔掉鞋子，比喻轻视。

【译文】

司马迁崇尚黄老，敬仰游侠，班固以此来讥讽他，这也是事实。仰慕游侠，所以多次称赞其坚忍卓绝的操行。比如屈原、虞卿、田横、侯嬴、田光以及本篇中所讲的贯高都是此类人物。崇尚黄老，所以多次称赞鄙视富贵、厌世弃俗的人。比如本纪以黄帝为第一，世家以吴太伯为第一，列传以伯夷为第一，都是这个宗旨。此篇赞中说张耳、陈余和太伯、季札不一样，也是说他们没能抛弃权势重利，无所顾恋天下。

【点评】

曾国藩崇尚坚忍卓绝、睥睨富贵的历史人物，并把坚忍视为英雄人物的优秀品质之一。所谓坚忍，是指在面对看似难以解决的巨大困难时所拥有的特殊心理承受能力。对于这点，曾国藩深有体会。他说："余今年已三十，资禀顽钝，精神亏损，此后岂复能有所成，但求勤俭有恒，无纵逸欲，以丧先人元气；困知勉行，期有寸得，以无失词臣体面。日日自苦，不至佚而生淫。如种树然，斧斤纵寻之后，牛羊无从而牧之；如藜灯燃，膏油欲尽之时，无使微风乘之，庶几稍稍培养精神，不至自速死。诚能日日用功有常，则可以保身体，可以自立，可以仰事俯蓄，可以惜福。"文中提到的"无纵逸欲"、"困知勉行"、"日日自苦，不至佚而生淫"等都是讲坚忍的行为，而"保身体"、养"元气"、"培养精神"都是坚忍的好处，说明坚忍对于自立、惜福的重要意义。

忍得一时，伸得一世。坚忍不仅指在得意时要埋头苦干，尤其是在失意时咬牙坚挺，绝不灰心。曾国藩经常以坚忍精神劝勉兄弟。他说："袁了凡所谓'从前种种譬如昨日死，从后种种譬如今日生'，另起炉灶,重开世界,安知此两番之大败,非天之磨炼英雄,使弟大有长进乎? 谚云:'吃一堑,长一智。'吾生平长进,全在受挫受辱之时。务须咬牙励志,蓄其气而长其智,切不可茶然自馁也。"所谓"艰难困苦,玉汝于成",苦难也是人生的一种财富,只要在困心横虑中坚忍挺立,不仅在精神上会变得更成熟、更坚强、更完善,最终也会取得事业上的胜利。

　　昔耿恭简公谓①,居官以坚忍为第一要义②,带勇亦然③。与官场交接,吾兄弟患在略识世态而又怀一肚皮不合时宜,既不能硬,又不能软,所以到处寡合④。迪庵妙在全不识世态⑤,其腹中虽也怀些不合时宜,却一味浑含,永不发露⑥。我兄弟则时时发露,终非载福之道。雪琴与我兄弟最相似⑦,亦所如寡合也。弟当以我为戒,一味浑厚,绝不发露。将来养得纯熟,身体也健旺,子孙也受用,无惯习机械变诈⑧,恐愈久而愈薄耳。

【注释】

① 耿恭简公:耿定向(约 1524—1597),字在伦,黄安(今湖北红安)人。嘉靖三十五年(1556)进士,官至户部尚书,谥恭简。著有《冰玉堂语录》、《天台文集》等。

② 居官:担任官职,做官。

③ 带勇:带兵。

④ 寡合:谓与人不易投合。

⑤ 迪庵:李续宾(1818—1858),字迪庵,又字克惠,湖南湘乡(今湖南娄底涟源)人,清朝名将。

⑥ 发露：显示，流露。

⑦ 雪琴：彭玉麟（1817—1890），字雪琴，生于安徽省安庆府。清末水师统帅，湘军首领，人称雪帅。官至两江总督兼南洋通商大臣，兵部尚书。著有《彭刚直诗集》等。

⑧ 惯习：习惯于，习惯。机械：巧诈，机巧。变诈：巧变诡诈。

【译文】

过去耿恭简公曾经说过，做官最重要的就是要坚忍，有耐心，其实带兵也是这样。和官场往来，我们兄弟都患在略知世态人情而又怀一肚皮不合时宜的想法，既不能硬做主张，又不能迎合世事，所以到处落落寡合。迪安之妙就在于他全然不了解世态，虽然他心中也有些不合时宜的想法，却能一味混同包容，永不表现显露。我们兄弟却时时把它显露出来，总不是拥有福气的法子。雪琴和我们兄弟最相似，也少有投合的人。弟应当以我为戒，一味浑厚包容，决不显露表现。将来性情修养纯熟，身体也健壮旺盛，子孙也受用无穷，不要习惯于官场的机变诈伪，恐怕在官场越久，德行就会越浅薄。

【点评】

曾国藩中年以后，务以坚忍用世。他晚年总结自己人生的得失时说："余生平吃数大堑，而癸丑六月（咸丰三年六月被赶出长沙）不与焉。第一次壬辰年（道光十二年）发佾生，学台悬牌，责其文理之浅；第二庚戌年（道光三十年）上日讲疏内，画一图甚陋，九卿中无人不冷笑而薄之；第三甲寅年（咸丰四年）岳州、靖港败后，栖于高峰寺，为通省官绅所鄙夷；第四乙卯年（咸丰五年）九江败后，赧颜走入江西，又参抚、臬，丙辰被困南昌，官绅人人目笑存之。吃此四堑，无地自容。故近虽忝窃大名，而不敢自诩为有本领，不敢自以为是。俯畏人言，仰畏天命,皆从磨炼后得来。"

　　以前,曾国藩对官场的逢迎谄媚、卑躬屈膝十分厌恶,不愿卑身为伍,从而受到排挤。尤其是自从咸丰三年(1853)带兵以来,一直在清政府的猜忌和地方大吏排挤的夹缝中求生存,几乎可以说没有一天不在艰难困苦中。但他以坚忍之法直面困难,绝不气馁,从奋斗中求出路,终于获得最后的成功。他说:"困心横虑,正是磨炼英雄,玉汝于成。李申夫尝谓余怄气从不说出,一味忍耐,徐图自强。因引谚曰:'好汉打脱牙,和血吞。'此二语,是余生平咬牙立志之诀,不料被申夫看破。余庚戌、辛亥间,为京师权贵所唾骂,癸丑、甲寅,为长沙所唾骂;乙卯、丙辰,为江西所唾骂;以及岳州之败,靖江之败,湖口之败,盖打脱牙之时多矣,无一次不和血吞之。"他又说:"来信每怪运气不好,便不似好汉声口;惟有一字不说,咬定牙根,徐图自强而已。""申夫所谓'好汉打脱牙,和血吞',星冈公所谓'有福之人善退财',真处逆境之良法也。"可以说,"好汉打脱牙,和血吞"几乎成为曾国藩最喜爱引用的一句名言。

　　稍论时事,余谓当竖起骨头,竭力撑持①。三更不眠,因作一联云:"养活一团春意思,撑起两根穷骨头",用自警也。余生平作自箴联句颇多,惜皆未写出。丁未年在家作一联云:"不怨不尤但反身争个一壁清,勿忘勿助看平地长得万丈高。"曾用木板刻出,与此联略相近,因附识之②。

　　夜阅《荀子》三篇,三更尽睡,四时即醒,又作一联云:"天下无易境天下无难境,终身有乐处终身有忧处。"至五更,又改作二联,一云:"取人为善与人为善,乐以终身忧以终身";一云:"天下断无易处之境遇,人间那有空闲的光阴。"

【注释】

① 竭力:用尽全力,尽力。

② 附识:附记。

【译文】

在议论时事时,我说应当挺起骨头,尽力坚持。三更时难以入睡,于是撰写一联,"养活一团春意思,撑起两根穷骨头",用以自警。我曾经写过很多的联句自箴,可惜都没有写出留下来。丁未年在家里作的联句是:"不怨不尤但反身争个一壁清,勿忘勿助看平地长得万丈高。"曾经用木板刻写出来,与这个联句有些近似,所以就附在这里。

夜里读了《荀子》的三篇文章,三更末才睡,四更时又醒来,又作了一联:"天下无易境天下无难境,终身有乐处终身有忧处。"到五更时,又修改了两联,一联是:"取人为善与人为善,乐以终身忧以终身";另一联是:"天下断无易处之境遇,人间那有空闲的光阴。"

【点评】

坚忍不仅是一种意志力,也是一种修养功夫。俗话说:"小不忍则乱大谋。"坚忍的功夫不仅表现在大是大非的取舍上,也表现在日常生活的点滴中。曾国藩屡次检讨自己在家中的所作所为。咸丰八年(1858)十一月十二日,他在家信中写道:"去年在家,因小事而生嫌衅,实吾度量不闳,辞气不平,有以致之,实有愧于为长兄之道。千愧万悔,夫复何言!……去年我兄弟意见不和,今遭温弟之大变。和气致祥,乖气致戾,果有明征。"咸丰八年(1858)十二月初三日,他又说:"吾去年在家,以小事争竞,所言皆锱铢细故。洎今思之,不值一笑。

负我温弟,既愧对我祖我父,悔恨何极! 当竭力作文数首,以赎余愆,求沅弟写石刻碑。……亦足少摅我心中抑郁悔恨之怀。"

这种自省自悟,使曾国藩在思想认识和修身方面有了很大的变化。他有诗云:"纷纷节候尽平常,西舍东家底事忙? 十二万年都小劫,七千余岁亦中殇。蜉蝣身世知何极,蝴蝶梦魂又一场。少昊笑侬情太寡,故堆锦绣富春光。"及至复出,曾国藩在为人处世方面不再锋芒毕露。他说:"吾往年在官,与官场中落落不合,几至到处荆榛。此次改弦易辙,稍觉相安。"这也说明,曾国藩在宦海沉浮中,日趋世故,变得圆融通达随和适变。

卷六　刚柔

　　从古帝王将相,无人不由自立自强做出,即为圣贤者,亦各有自立自强之道,故能独立不惧,确乎不拔^①。昔余往年在京,好与诸有大名大位者为仇^②,亦未始无挺然特立不畏强御之意^③。近来见得天地之道,刚柔互用,不可偏废,太柔则靡,太刚则折。刚非暴虐之谓也,强矫而已;柔非卑弱之谓也,谦退而已。趋事赴公^④,则当强矫,争名逐利,则当谦退;开创家业,则当强矫,守成安乐,则当谦退;出与人物应接^⑤,则当强矫,入与妻孥享受^⑥,则当谦退。若一面建功立业,外享大名,一面求田问舍^⑦,内图厚实,二者皆有盈满之象,全无谦退之意,则断不能久。

【注释】

　　① 确乎不拔:刚强坚决,不可动摇。《周易·乾》:"确乎其不可拔。"

　　② 大名:显赫的名气,大名望。大位:显贵的官位。

　　③ 挺然:挺拔特立貌。强御:豪强,有权势的人。

　　④ 趋事:办事,立业。

　　⑤ 应接:应酬,接待。

　　⑥ 妻孥(nú):妻子和儿女。

　　⑦ 求田问舍:指专营家产。

【译文】

　　自古以来的帝王将相,没有一个不是从自强自立做起的,即使是圣贤之人,也各有自强自立的方法,所以才能独立不惧,坚定不移。过去我在京城的时候，好与名声高远、身居要职的人闹意见，也未尝不是一开始就具有挺然独立、不畏强暴的气概。近年来我体会到天地之道，是要刚柔并济，不可偏废，太柔容易萎靡，太刚容易折断。这里所说的"刚"不是暴虐的意思，而是要使弱变强；这里所说的"柔"也不是卑弱的意思，而是在强的方面要谦退而已。做事为公，应当勉力争取；争名逐利，则应当谦让退却。开创家业，应当奋发进取；守业享成，则应当谦逊平和。出外与人结交应对，应当努力表现；回家与妻儿守成享受，则应当谦恭淡然。如果一方面建功立业，外面享有崇高的威望声名，另一方面求田问舍，内在图谋奢侈的待遇享受，这两者都有盈满的征兆，全无一丝谦虚退让的表示，那么这一切必定不会长久。

【点评】

在曾国藩看来，君子应该自强自立，既要有道德为体的内圣功夫，又要有仁政为用的外王功业。曾国藩自己就是按照内圣外王之道，即《大学》上格、致、诚、正、修、齐、治、平八个步骤要求自己。他认为，人不可无刚，无刚则不能自立，不能自立则不能自强，不能自强则无法成就功业。《周易·乾》说："天行健，君子以自强不息。"刚就是秉天地阳刚之气的进取精神和拼搏精神，刚就是独立不惧、确乎不拔的一种自信，一种力量，一种威仪，一种凛然不可侵犯的气概。

有刚就有柔。柔就是秉天地阴柔之气的谦退、随和、怡养、顺适，柔就是德量涵养、如沐春风的一种吸引力，一种亲和力，一种温文尔雅的风度和魅力。《周易·乾》也说："地势坤，君子以厚德载物。"这就是说，君子处世要效法"坤"的精神，克制自私之欲，培养仁爱之心，求同存异，包容共济，化解人际交往中的紧张与冲突，以正直和与人为善的态度处理好人与人之间的关系。但是，柔并非意味着卑弱。以柔克

143

刚,就是以柔为挺,以柔为进,柔是刚的手段,这就是柔的实质。

然而,太刚易折,太柔则靡。只有刚柔相济,刚柔并用,刚中有柔,柔中寓刚,才能成就事业。对于何时何处可刚,何时何处可柔,曾国藩也有自己的心得。做事为公,应当强矫;争名逐利,应当谦退。开创家业,应当强矫;守成享受,应当谦退。在外待人接物,应当强矫;居家享乐消福,应当谦退。曾国藩探求天地至理,深谙刚柔之道,能刚能柔,能弱能强。所以,当他应对清廷统治集团时,则以柔为刚;当他镇压太平天国运动时,则刚强之至。

曾国藩特别强调"谦退"之德。他说:"日中则昃,月亏则盈,天有孤虚,地阙东南,未有常全不缺者。"他在观察自然现象时看到,缺是常态,不全是常态。人们都喜欢吉利,回避凶难。实际上,"祸兮福之所倚,福兮祸之所伏",事物就是彼消此长,祸福相依,大吉之后必是大凶,盈满之后必是亏缺。因此,要想长久,必须"守其缺而不敢求全也"。一般人不明白这个道理,既建功立业,追求声望,又求田问舍,贪图享受;一旦名利双收,内外俱实,那灾祸和凶险也就随之降临了。因此,曾国藩谦恭反省,谨言慎行,不敢有丝毫松懈,以求长久之道。

肝气发时,不惟不和平,并不恐惧,确有此境。不特弟之盛年为然[1],即余渐衰老,亦常有勃不可遏之候。但强自禁制[2],降伏此心,释氏所谓降龙伏虎[3]。龙即相火也,虎即肝气也。多少英雄豪杰打此两关不过,亦不仅余与弟为然。要在稍稍遏抑[4],不令过炽。降龙以养水,伏虎以养火。古圣所谓窒欲[5],即降龙也;所谓惩忿[6],即伏虎也。儒释之道不同,而其节制血气,未尝不同,总不使吾之嗜欲戕害吾之躯命而已[7]。

至于倔强二字,却不可少。功业文章,皆须有此二字贯注其中,否则柔靡不能成一事⑧。孟子所谓至刚,孔子所谓贞固,皆从倔强二字做出。吾兄弟皆禀母德居多,其好处亦正在倔强。若能去忿欲以养体,存倔强以励志,则日进无疆矣⑨。

【注释】

① 不特:不仅,不但。

② 禁制:控制,约束。

③ 释氏:佛姓释迦的略称,亦指佛或佛教。

④ 遏抑:抑制,压制。

⑤ 窒欲:抑制欲望。

⑥ 惩忿:克制忿怒。《周易·损》:"山下有泽,损,君子以惩忿窒欲。"

⑦ 戕害:残害,伤害。

⑧ 柔靡:柔弱委靡。

⑨ 无疆:没有穷尽,无限。

【译文】

肝火发作的时候,不但心境不平和,而且也不感到恐惧,确实有这样的感觉。不只是弟年轻气盛时是这样,即使我现在逐渐衰老,也经常有怒不可遏的时候。但是要努力控制自己的情绪,压制自己的怒火,这就是佛教所谓的降龙伏虎。龙就是相火,虎就是肝气。多少英雄豪杰都过不了这两关,也不仅是我与弟是这样。关键在于稍稍控制自己,不要让肝火过分炽烈。降龙用来养水,伏虎用来养火。古代圣人所说的遏制欲望,就是降龙;所说的警戒愤怒,就是伏虎。儒家与佛家的说法不一样,但节制血气,却没有什么不同,总之不要让自己的欲望残害自己的身体。

至于"倔强"这两个字,却不能缺少。无论是功业还是文章,都需要有这两个字的精神贯穿于其中,不然便会软弱无力,一事无成。孟子所说的至刚,孔子所说的贞固,就是从这两个字上下工夫。我们兄弟都继承了母亲的许多品德,它的好处也正是倔强。如果能除去愤怒和欲望而休养身体,保持倔强的气息来激励志气,那么就可以不断进步了。

【点评】

曾国藩认真研究过《周易》盈虚消长之理,在其所著《冰鉴》一书中就有《刚柔篇》,下分"总论刚柔"、"论外刚柔"和"论内刚柔"三节。这里继续发挥"太柔则靡,太刚则折"的道理及其对治方法。

曾国藩认为,太刚则容易为肝火所动,为嗜欲所困。因此,需要建立"惩忿窒欲"的克己之学。他写给弟弟的诫语中说:"今日我处顺境,预想他日也有处逆境之时;今日我以盛气凌人,预想他日人亦以盛气凌我之身,或凌我之子孙。常以恕字自惕,常留余地处人,则荆棘少矣。"曾国藩所说的"恕",就是孔子讲的两句话:"己所不欲,勿施于人。""己欲立而立人,己欲达而达人。"对此,曾国藩解释说:"我要步步站得稳,须知他人也要站得稳,所谓立也。我要处处行得通,须知他人也要行得通,所谓达也。"只有深刻领会这种人情世故的人,才会推己及人,将心比心,与他人同爱恶,共进退。曾国藩认为,"恕"即是"立德之基",又是"临时应事之道"。因此,他要求"吾兄弟须从恕字痛下工夫"。

同样的,太柔则靡,驯顺无骨,人则不立,难以成事。曾国藩一生功名"毁于津门",他自己反省说,就是"失之太柔"。他致信儿子曾纪泽说:"尔禀气太清。清则易柔,惟志趣高坚,则可变柔为刚;清则易刻,惟襟怀闲远,则可化刻为厚。"曾国藩认为,清气之可贵在于赋人以"和"德,但其缺失却在于易柔易刻,柔则矜而难刚,刻则薄而难厚。因此,他教导子女变柔为刚,化刻为厚,避清气之短,扬清气之长,以成大器,受用终身。在曾国藩看来,只有刚柔相济,亦刚亦柔,方是立身处世之基,也是成就功业之道。

　　至于强毅之气①,决不可无,然强毅与刚愎有别②。古语云自胜之谓强③。曰强制,曰强恕④,曰强为善,皆自胜之义也。如不惯早起,而强之未明即起;不惯庄敬⑤,而强之坐尸立斋⑥;不惯劳苦,而强之与士卒同甘苦,强之勤劳不倦,是即强也。不惯有恒,而强之贞恒,即毅也。舍此而求以客气胜人⑦,是刚愎而已矣。二者相似,而其流相去霄壤⑧,不可不察,不可不谨。

【注释】

① 强毅:刚强坚定,有毅力。

② 刚愎:倔强执拗,固执己见。

③ 自胜:克制自己。《老子》:"胜人者有力,自胜者强。"

④ 强恕:勉力于恕道。《孟子·尽心上》:"反身而诚,乐莫大焉;强恕而行,求仁莫近焉。"

⑤ 庄敬:庄严恭敬。

⑥ 坐尸:古代祭祀时以臣下或晚辈象征死者神灵,代死者受祭,

称为"尸"。殷代之尸坐于堂上受祭,称为"坐尸"。

⑦ 客气:一时的意气,偏激的情绪。

⑧ 霄壤:天和地,比喻相去极远,差别很大。

【译文】

至于强毅之气,绝对不能没有,然而强毅与刚愎的区别很大。古语说:"自己战胜自己称为强。"强制、强恕、强为善,这都是自己战胜自己的意思。如果不习惯于早起,就强迫自己天未亮就起来;如果不习惯于庄重恭敬,就强迫自己如同参加祭祀斋戒那样端庄;如果不习惯劳苦,就强迫自己与士卒同甘共苦,强迫自己辛苦劳作,这就是强。不习惯坚持,却能强迫坚定地持之以恒,这就是毅。除此之外,力求以气势战胜别人,这就是刚愎了。强毅与刚愎这两者看起来很相似,但事实上却有天壤之别,不可不察觉,不可不谨慎。

【点评】

曾国藩特别强调"强毅之气"的重要性。所谓强毅,强指自胜之道,毅指持之以恒。这也是发挥《周易》"自强不息"的道理。培养强毅之气,一要不怕苦,二要不自足。

先说不怕苦。曾国藩要求湘军将士要"不怕死"、要"耐受辛苦",这来自于他的经验之谈:"吾生平长进,皆在危难之际。"曾国藩出身儒生,带兵打仗,失败一个接着一个。尤其是四次自杀未遂,其所遭受的挫折和失败,实非一般人所能想象。但他终于还是蓄气长志,屡败屡战,以坚忍自强之道取得了最后的胜利。这正应了孟子那段脍炙人口的名言:"故天将降大任于斯人也,必先苦其心志,劳其筋骨,饿其体肤,空乏其身,行拂乱其所为,所以动心忍性,增益其所不能。"因此,曾国藩说:"故男儿自立,必有倔强之气。"

　　再说不自足。曾国藩批评世家子弟多为膏粱之徒,胸无点墨,只知声色犬马之娱,丝毫没有进取之心。他说:"盖达官之子弟,听惯高议论,见惯大排场,往往轻慢师长,讥谈人短,所谓骄也。由骄字而奢、而淫、而佚,以至于无恶不作,皆从骄字生出之弊。而子弟之骄,又多由于父兄达官者,得运乘时,幸致显宦,遂自忘其本领之低,学识之陋,自骄自满,以致子弟效其骄而不觉。"骄傲者容易自满自足,盲目自大,看不到自己的缺点和短处,以致沾染各种恶习,最终导致覆辙。而想要不断充实和完善自己,德日新而业日进,就必须戒除骄气,将养谦德,学习孔子的"不耻下问"精神,以能问于不能,以多问于寡。所以,曾国藩总结出一句话:"天下无穷进境,多从'不自足'三字做起。"

　　曾国藩还分析了"强毅"和"刚愎"的区别,前者是自胜,后者是胜人。自胜就是用强毅之气、倔强之气战胜人性的弱点,战胜自身的缺点;而胜人就是以忿激之气、刚愎之气逞一时之能,泄一时之愤,图一时之快,全然不计后果。这两者表面上看起来相似,实质上却判若云泥,在生活中不可不谨慎对待。

卷七 英才

虽有良药，苟不当于病①，不逮下品②；虽有贤才，苟不适于用，不逮庸流。梁丽可以冲城③，而不可以窒穴④。犛牛不可以捕鼠⑤，骐骥不可以守闾⑥。千金之剑，以之析薪⑦，则不如斧。三代之鼎，以之垦田，则不如耜⑧。当其时，当其事，则凡材亦奏神奇之效。否则钼铻而终无所成⑨。故世不患无才，患用才者不能器使而适用也。魏无知论陈平曰⑩："今有后生孝己之行，而无益胜负之数，陛下何暇用之乎？"当战争之世，苟无益胜负之数，虽盛德亦无所用之⑪。余生平好用忠实者流，今老矣，始知药之多不当于病也。

【注释】

① 苟：如果，假使。

② 不逮：比不上，不及。

③ 梁丽：房屋的栋梁。《庄子·秋水》："梁丽可以冲城，而不可以窒穴，言殊器也。"

④ 窒：阻塞不通。

⑤ 犛（lí）牛：牦牛。《庄子·逍遥游》："今夫犛牛，其大若垂天之云。此能为大矣，而不能执鼠。"

⑥ 骐骥：骏马，千里马。闾：泛指门户，人家。

⑦ 析薪：劈柴。

⑧ 耜（sì）：古代农具名，耒下端铲土的部分。

⑨ 钼铻（jǔ yǔ）：互相抵触，格格不入。

⑩魏无知:秦末人。楚汉战争时从汉王刘邦。陈平背楚降汉,因
　其求见刘邦,遂得重用。陈平(? —前178):阳武(今河南原
　阳)人,西汉王朝的开国功臣之一。在楚汉相争时,曾多次出
　计策助刘邦。汉文帝时,曾任右丞相,后迁左丞相。曾先后受
　封户牖侯,曲逆侯(今河北顺平东),死后谥献侯。

⑪盛德:崇高的品德。

【译文】

　　尽管有良药,如果不对病症,那效果还不如一般的药物;虽然有贤
才,但所干之事不合于他的专长,那么还不如去找平凡人来干。质地
坚韧的木梁可以撞开牢固的城门,却不能用来堵住老鼠洞。强壮的水
牛不会捕捉老鼠,日行千里的骏马也不能守住家门。价值千金的宝剑
用来砍柴,还不如斧头好用。传世数代的宝鼎,用来开垦荒田,还不如
普通的木犁。只要是应和当时的情况,普通的事物也会产生神奇的效
验。否则认不清锄头、宝剑的特性,干什么都会弄糟。所以世人不忧
虑没有人才,而忧虑使用人才的人不知量才适用。魏无知在议论陈平
的时候说:"现在有个年轻人,很有孝德之行,却不懂战争胜负的谋略,
您该如何用他呢?"当国家处于战争时期,如果一个人不懂战争胜负谋
略,即使有高深的德行也没地方应用。我生平喜欢用忠实可靠的人,
如今衰老了,才知道药物虽然很多,却也有治不了的病。

【点评】

　　士为知己者死,女为悦己者容。知人之明,是领导者必备的素质
之一。曾国藩认为,世界上不是没有人才,而是要知人善任,用人如
器,将人才用到最合适的位置,发挥他的长处。如果任用得当,即使普
通人,也能担当大任,即使鸡鸣狗盗之徒,也能解人危难。

量材而用,扬长避短,这是曾国藩的一贯做法。他说:"凡教人,当引其所长,策其所短。"也就是说,既要知道人的优点,也要知道人的缺点,这样才能尽展其才。曾国藩评价郭松林说:"郭公治事气足,而才不长,颇欠条理,难将多人,仍恐不克独当一面。"他评价陈国瑞,说他"气矜太甚,又其部下诸将不乐为用,终难独当一面"。他评价刘铭传,说他"所长在果而侠,其所短在欠谋蓄",因此"教之以坚忍,正所以勉其海量,进之于蓄也"。他评价李昭庆:"未尝多历艰苦,恐其视事太易。"他说鲍超贪利,贪名,有勇无谋,"善于战守而不善于料理外事,惯于平原而不惯于深山穷谷,宜于坐营而不宜于屡次移动"。因此,他只让鲍超冲锋陷阵,而不让其兼管地方政务。

曾国藩不仅对部下了如指掌,对敌人也知之分明。他的日记中记载了大量太平军、捻军将领名单,并搜集相关情报,以实现"欲办贼,必先知贼"的目的。他说陈玉成最为凶悍,惯用回马枪,防不胜防,但其为人严酷,性情轻躁,部将多不亲附,不能耐久,可以用"坚忍胜之"。他说李秀成智谋最深,但不凶狠,部下虽多,战斗力却不强。他说杨辅清"最擅长者,在不先扑人,上半日不交仗,直至日暮人倦之际,该逆率悍贼二千余人,多摇龙旗,始出酣战",因此遍告营哨,晚上收兵之时,要格外小心。他说林绍璋"资格老而好摆架子,不足畏也"。

曾国藩说:"居高位者,以知人晓事二者为职。"如果不知人,不晓事,则不能人尽其才,物尽其用,以致措置乖方,贻误大局。这正如韩愈所说的那样:"策之不以其道,食之不能尽其材,鸣之而不能通其意,执策而临之,曰:天下无马!呜呼!其真无马邪?其真不知马也!"

无兵不足深虑①,无饷不足痛哭②,独举目斯世,求一攘利不先、赴义恐后、忠愤耿耿者,不可亟得③;或仅得之,而又屈居卑下,往往抑郁不伸,以挫、以去、以死。而贪饕退缩者④,果骧首而上腾⑤,而富贵、而名誉、而老健不死,此其可为浩叹者也。默观天下大局,万难挽回,恃与公之力所能勉者,引用一班正人,培养几个好官,以为种子。

【注释】

① 兵:军队。

② 饷:粮饷。

③ 亟:急切,迅速。

④ 贪饕(tāo):贪得无厌。退缩:犹伸缩。

⑤ 骧(xiāng)首:抬头,比喻意气轩昂。

【译文】

没有军队,尚不足焦虑,没有粮饷,也不足以痛哭,只有放眼当世,想求得一个见利不争、义字当头、真挚耿直的人才,不能够立即找到;或者好不容易找到一个,却又因为地位卑下,往往因此抑郁不舒,受尽挫折,终至罢官或者死亡。而那些暴虐贪婪、善于钻营的人,却因占据高位而享尽富贵,受人尊重,健康长寿,直到衰老,这是真正令我慨叹无奈的事啊!静观天下大局,这种不平的事情实在是难以挽回,而我们能够勉力去做的,就是尽量重用一些正人君子,培养几个好官,作为变革时事的种子力量。

【点评】

曾国藩十分重视人才问题。他说:"国家之强,以得人为强。"又说:"观贤者在位,则卜其将兴;见冗员浮杂,则知其将替。"他把选拔人员、培养人才提高到关系国家盛衰的高度,作为挽救晚清王朝政治危机的重要措施。针对咸丰十年(1860)的迁都之论,曾国藩说:"中兴在乎得人,不在乎得地。汉迁都许而亡,晋迁都金陵而存。拓跋迁云中而兴,迁洛阳而衰。唐明皇、德宗再迁而皆振,僖宗、昭宗再迁而遂灭。宋迁临安而昌盛,金迁蔡州而沦胥。"他从历史兴衰的深刻教训中觉察到,只有广罗贤才,知人善用,才能扭转国势衰微的命运。

善于识人用人,群策群力,是曾国藩成功的根本要诀。他说:"为政之要,首在得人。"他不仅提出从考言、志趣、意志、态度、品行和思想等方面考察和选拔人才,甚至还总结了相人之术,从神骨、刚柔、容貌、情态、须眉、声音、气色等方面来识别和鉴别人才。曾国藩对于寻求人才向来不遗余力,集中体现在他的幕府规模宏大,济济多士:"幕府人士,一时称盛,于军旅吏治之外,别有二派:曰道学,曰名士……时文正幕中,有三圣七贤之目,皆一时宋学宿儒。文正震其名,悉罗致之。"容闳评述曾国藩幕僚时也说:"当时各处军官,聚于曾文正之大营中者,不下二百人,大半皆怀其目的而来。总督幕府中,亦有百人左右。幕府外更有候补之官员、怀才之士子,凡法律、算学、天文、机器等等专门家,无不毕集,几于举全国人才之精华,汇集于此。是皆曾文正一人之声望、道德,及其所成就之功业,足以吸引罗致之也。文正对于博学多才之士,尤加敬礼,乐与交游。"曾国藩的幕府不愧是一个巨大的人才库,几乎囊括了当时各个方面的杰出人才。这些幕僚们为曾国藩出谋划策、办理文案、筹办粮饷、处理军务,尤其是引进西方科学技术、举办军事工业等,不仅成就了曾国藩削平大难、蔚成中兴之业的功劳,而且使曾国藩在政治军事、经济外交、文化艺术、科学技术等各方面都对时代产生了深刻的影响。

天下无现成之人才，亦无生知之卓识^①，大抵皆由勉强磨炼而出耳。《淮南子》曰："功可强成，名可强立。"董子曰^②："强勉学问，则闻见博；强勉行道，则德日进。"《中庸》所谓"人一己百，人十己千"^③，即强勉功夫也。今世人皆思见用于世，而乏才用之具。诚能考信于载籍^④，问途于已经^⑤，苦思以求其通，躬行以试其效^⑥，勉之又勉，则识可渐通，才亦渐立。才识足以济世，何患世莫己知哉？

【注释】

① 生知：谓不待学而知之。卓识：高超的见识。

② 董子：董仲舒（前179—前104），西汉思想家，儒学家。汉景帝时任博士，讲授《公羊春秋》。他把儒家的伦理思想概括为"三纲五常"，汉武帝采纳了董仲舒的建议，从此儒学开始成为官方哲学，并延续至今。其教育思想和"大一统"、"天人感应"理论，为后世封建统治者提供了统治的理论基础。著有《春秋繁露》。

③ 《中庸》二句：《礼记·中庸》："人一能之，己百之；人十能之，己千之。果能此道矣，虽愚必明，虽柔必强。"

④ 考信：谓查考其真实。载籍：书籍，典籍。

⑤ 已经：业已经过，业已经历。

⑥ 躬行：亲身实行。

【译文】

天下没有现成的人才，也没有生来就具有远见卓识的人，人才大多都是努力磨炼出来的。《淮南子》说："功劳可强迫威逼而使之成就，声名也可在强迫威逼的环境中立起来。"董仲舒说："努力做学问，那么所见所闻就会广博；顽强地寻求真理，那么道德修养就会日益进步。"《中庸》里所说的"别人一次能学好的，我就学一百次；别人十次能学好的，我就学他一千次"，就是要勉励自己多付出工夫。现在人们都期盼能够为世所用，但自身却缺乏社会需要的才能谋略。如果真正能从古代典籍中得到验证，再向那些事业有成就的人学习，苦苦思索通用于当世的途径方法，并亲身去实践，检验它的成效。努力又努力，那么就可以通达识见，才能也就逐渐培养起来了。才能见识足以有益社会，还用得着担心世上不知道自己吗？

【点评】

曾国藩认为，才能都是经过磨炼造就出来的，即使是上好的玉石，也需要切磋雕琢才能成器。很多人都希望能够经世致用，建功立业，但是自身却缺乏相应的见识和才能。因此，曾国藩提出"强勉"工夫，也就是《中庸》说的："人一能之，己百之；人十能之，己千之。"只要下了这样的工夫，自然德日新而业日进。孔子说："不患无位，患所以立；不患莫己知，求为可知也。"也就是说，不怕没有地位，不怕不为人知。如果能够讲学修德，成为仁人君子，自然可以立足社会，为人所知。

曾国藩不仅有知人之明，用人之智，而且还有树人之道。对于发现人才、造就人才的方法，曾国藩概括为八个字："得人不外四事，曰广收、慎用、勤教、严绳。"广收，就是广泛访求、网罗人才；慎用，就是分辨良莠、知人善任；勤教，就是善于磨砺、促其成才；严绳，就是严加督责、清慎诫戒。曾国藩认为，领导者对于下属，除了识别人才、知人善任外，还肩负着师长的职责，需要因材施教，助人成长。

曾国藩的幕府就是一个造就人才的移动学校："盖其耳目闻见较

亲于人,而所至山川地理之形胜,馈诇之难易,军情之离合,寇形之盛衰变幻,与凡大帅所措施,莫不熟察之。而存于心久,及其措之裕如,固不啻取怀而予。故造就人才,莫速于此。"李鸿章回忆说:"在营中时,我老师总要和我辈同时吃饭;饭罢后,即围坐谈论,证经论史,娓娓不倦。都是于学问经济有益实用的话。吃一顿饭,胜过上一堂课。"曾国藩对身边的幕僚既有指点劝诫,又有鞭策鼓励,既有师长课督之风,又有父兄期望之意。正是因为有"得天下英才而教之"的大境界,曾国藩不仅赢得了幕僚的敬重与爱戴,而且还吸引了大量人才前来投靠和依附。

卷八　廉矩

翰臣方伯廉正之风^①，令人钦仰。身后萧索^②，无以自庇，不特廉吏不可为^③，亦殊觉善不可为。其生平好学不倦，方欲立言以质后世^④。弟昨赙之百金^⑤，挽以联云："豫章平寇，桑梓保民，休诩书生立功，皆从廿年积累立德立言而出；翠竹泪斑，苍梧魂返，莫疑命妇死烈，亦犹万古臣子死忠死孝之常。"登高之呼，亦颇有意。位在客卿，虑无应者，徒用累歔^⑥。韩公有言^⑦："贤者恒无以自存，不贤者志满气得^⑧。"盖自古而叹之也。

【注释】

① 廉正：廉洁正直。

② 身后：死后。萧索：萧条冷落，凄凉。

③ 廉吏：清廉守正的官吏。

④ 立言：指著书立说。

⑤ 赙(fù)：拿钱财帮助别人办理丧事。

⑥ 累歔(xū)：反复叹息。

⑦ 韩公：韩愈(768—824)，字退之，祖籍河北昌黎，世称韩昌黎。晚年任吏部侍郎，又称韩吏部。谥号"文"，又称韩文公。唐代文学家、哲学家、思想家。

⑧ 志满气得：犹志得意满。韩愈《与崔群书》："贤者恒无以自存，不贤者志满气得。"

【译文】

翰臣方伯廉洁清正的作风，令人钦敬仰慕。但是死后家境萧条败落,无法庇护自家亲人,这使人觉得不仅是清廉的官吏不能学做榜样,甚至善良的事情也没必要做。他一生好学不倦,正打算著书立说流传后世,却不幸去世。我昨天送百两纹银帮助他办丧事,又做了一副对联悼念他:"豫章平寇,桑梓保民,休诩书生立功,皆从廿年积累立德立言而出;翠竹泪斑,苍梧魂返,莫疑命妇死烈,亦犹万古臣子死忠死孝之常。"我这样站出来大声呼吁,颇有号召大家学习的意思。然而仅处于客卿的位置上,估计无人响应,只好独自反复感叹不已。韩愈说过:"贤德的人经常无法维持自身生存,无德的人却志得意满,不可一世。"这也是自古以来人们对于这种现象的叹息呀!

【点评】

韩愈在《与崔群书》中描写一种司空见惯的社会现象:"自古贤者少,不肖者多。自省事以来,又见贤者恒不遇,不贤者比肩青紫;贤者恒无以自存,不贤者志满气得;贤者虽得卑位,则旋而死,不贤者或至眉寿。"那么,我们又该如何抉择呢? 韩愈说:"合于天而乖于人,何害? 况又时有兼得者耶?"韩愈的结论是,为人处世如果能够符合天道,那么即便背离人意,又有什么妨碍呢? 何况有时能够做到二者兼得。曾国藩在看到清廉之臣身后萧索的现实时,也产生过"不特廉吏不可为,亦殊觉善不可为"的消极想法,但他随即清醒地认识到,这正是晚清以来吏治腐败、国力衰微的思想根源。而想要移风易俗,力挽狂澜,就必须从"立德立言"的高度明辨是非,正人视听。

曾国藩自己在郁郁不得志时,反省说:"皆由平日于养气上欠工夫,故不能不动心。"他发挥孟子的"养气"之说,借以自强自立。他说:"欲求养气,不外'自反而缩,行慊于心'两句;欲求行慊于心,不外'清、慎、勤'三字。因将此三字多缀数语,为之疏解。'清'字曰:名利

159

两淡，寡欲清心，一介不苟，鬼伏神钦。'慎'字曰：战战兢兢，死而后已，行有不得，反求诸己。'勤'字曰：手眼俱到，心力交瘁，困知勉行，夜以继日。此十二语者，吾当守之终身，遇大忧患、大拂逆之时，庶几免于尤悔耳。"后来，他又将此三字改为"廉、谦、劳"，力图浅显易懂，便于初学下手。

不论是"清"，还是"廉"，都是要求"不贪财，不苟取"。曾国藩初办团练，也是标榜"不要钱，不怕死"，为时人称许。这正是岳飞所说的："文官不爱钱，武官不怕死，则天下治矣。"可见，吏治腐败是国家败亡的主要原因。因此，曾国藩以"勤俭"二字严律自己，也以"勤俭"二字训诫后代，即使后来出将入相，年近垂暮，也时常以"勤俭"二字针砭自己，在"廉"字上狠下工夫。他说："富贵功名，皆人世浮荣，惟胸次浩大是真正受用。余近年专在此处下工夫，愿与我弟交勉之。"

古之君子之所以尽其心、养其性者①，不可得而见；其修身、齐家、治国、平天下，则一秉乎礼。自内焉者言之，舍礼无所谓道德；自外者言之，舍礼无所谓政事。故六官经制大备②，而以《周礼》名书。春秋之世，士大夫知礼、善说辞者，常足以服人而强国。战国以后，以仪文之琐为礼③，是叔齐之所讥也④。荀卿、张载兢以礼为务⑤，可谓知本好古，不逐乎流俗。近世张尔岐氏作《中庸论》⑥，凌廷堪氏作《复礼论》⑦，亦有以窥见先王之大原⑧。秦蕙田氏辑《五礼通考》⑨，以天文、算学录入为观象授时门；以地理、州郡录入为体国经野门；于著书之义例，则或驳而不精；其于古者经世之礼之无所不该，则未为失也。

【注释】

① 尽其心:竭尽心力。养其性:修养身心,涵养天性。《孟子·尽心上》:"存其心,养其性,所以事天也。"

② 六官:周六卿之官。《周礼》以天官冢宰、地官司徒、春官宗伯、夏官司马、秋官司寇、冬官司空分掌邦国之政,总称六官或六卿。经制:治国的制度。

③ 仪文:礼仪形式。

④ 叔齐:商孤竹君之子,名智(或作致),字公达,齐为谥号。

⑤ 荀卿:即荀况(约前313—前238)。战国赵人,世称荀卿。汉时谓之孙卿。曾在齐,游学稷下,三为祭酒。去齐至楚,春申君任以兰陵令。晚年专事著述,终老兰陵。学宗儒术而言性恶,谓须恃礼义以矫其枉,乃得从善。战国末著名政治家韩非、李斯,曾师事其门。经学辞赋,对后世殊多影响。张载(1020—1077):字子厚,祖籍大梁(今开封),徙家凤翔郿县(今宝鸡眉县)横渠镇,人称横渠先生。宋仁宗嘉祐二年(1057)进士,官至同知太常礼院,赐谥明公。北宋哲学家,理学创始人之一。

⑥ 张尔岐(1612—1678):字稷若,号蒿庵,山东济阳人。明清之际著名经学家。《清史稿》中有传。

⑦ 凌廷堪(1755—1809):字仲子,一字次仲,安徽歙县人。乾隆五十四年(1789)应江南乡试中举,次年中进士,例授知县,自请改为教职,入选宁国府学教授。之后因其母丧到徽州,曾一度主讲敬亭、紫阳二书院,后因阮元聘请,为其子常生之师。毕力著述十余年。

⑧ 大原：根源，根本。

⑨ 秦蕙田(1702—1764)：字树峰，号味经，江南金匮人。乾隆元年(1736)进士，授编修，累官礼部侍郎，工部、刑部尚书，两充会试正考官。治经深于《礼》，继徐乾学《读礼通考》作《五礼通考》。又有《周易象日笺》、《味经窝类稿》等。

【译文】

古代的君子是如何竭尽心力修养德行的，我们现在是不能看到了；但他们修养身心，管理家庭，治理国家，平定天下，却都秉持礼法。从内部而言，舍弃了礼法就谈不上道德；从外部而言，舍弃了礼法就无法协理政务。所以六卿之官设置完备，而记录典籍以《周礼》做书名。春秋时代，士大夫通晓礼法，擅长游说辞令的人，常能说服众人，实现自己的主张，因而使国家强盛。但是战国以后，将仪式的华美琐碎作为礼法，就是叔齐所讥讽的虚有其表。荀卿、张载小心谨慎地以礼为实务，可称得上知晓根本，喜好古风，不追逐流俗啊！近代张尔岐作《中庸论》、凌廷堪作《复礼论》，也可以从中看到先王教化原貌的佳处。秦蕙田编辑《五礼通考》，把天文、算学录入观象授时门一类，把地理、州郡录入体国经野门一类，对于著书的意义和条例来说，就有些繁杂不精，但该书对古代经营世事的礼则都全盘具备了，也就说不上有什么失误了。

【点评】

礼在中国古代是社会的典章制度和道德规范，是儒家学说的核心内容。作为典章制度，它的作用是调整各种社会关系，使人人各安其本分；作为道德规范，它是各种社会行为的规范和准则，目的是使人人各尽其本分。孔子说："道之以德，齐之以礼。"既用道德来教化人民，又用礼仪使人们的思想和行动合乎规范。这样,就可以维持贵贱、尊卑、长幼、亲疏有别的理想社会秩序,使国家得以长治久安。曾国藩认为,礼在社会生活中的作用巨大,不论修齐,还是治平,礼都贯乎始终。道德修养因礼仪而显,政事之效因礼乐而明。但是,曾国藩提倡的是礼的精神和实质,而不是虚有其表的繁文缛节。

因此,曾国藩在选官任人时,特别注重廉矩的操守。他说:"大抵观人之道,以朴实廉介为质。以其质而更傅以他长,斯为可贵。无其质则长处亦不足恃。甘受和,白受采,古人所谓无本不立,义或在此。大约有操守而无官气,多条理而少大言,本此四者以衡人,则于抽厘之道,思过半矣。"这就是说,考察人才的优劣,应当看他是否具备朴实廉介的品质。有这样的品质,又有其他的特长,才是最可贵的。如果没有这样的品质,即使有其他的特长,也是靠不住的。不仅如此,曾国藩也严于律己,以身作则,倡导廉矩的风气。他说:"天下滔滔,祸乱未已,吏治人心,毫无更改,军政战事,日崇虚伪,非得二三君子,倡之以诚朴,道之以廉耻,则江河日下,不知所届。默察天意人事,大局殆无挽回之理。鄙人近岁在军,不问战事之利钝,但课一己之勤惰。盖战虽数次得利,数十次得利,曾无小补。不若自习勤劳,犹可稍求一心之安。"

崇俭约以养廉。昔年州县佐杂在省当差①,并无薪水银两。今则月支数十金,而犹嫌其少,此所谓不知足也。欲学廉介②,必先知足。观于各处难民,遍地饿莩③,则吾人之安居衣食,已属至幸,尚何奢望哉? 尚敢暴殄哉④? 不特当廉于取利,并当廉于取名。毋贪保举⑤,毋好虚誉⑥,事事知足,人人守约,则可挽回矣。

163

【注释】

① 佐杂：清代州县官署内助理官吏佐贰、首领、杂职三者的统称。

当差：旧时指做小官吏或在官府中做事。

② 廉介：清廉耿介。

③ 饿莩（piǎo）：饿死的人。

④ 暴殄（tiǎn）：任意浪费、糟蹋。

⑤ 保举：负责推荐，以使其得到提拔任用。

⑥ 虚誉：虚假的名声。

【译文】

崇尚俭约是可以用来培养廉洁之风的。过去，州县的佐官杂员抽调省城任职办事，国家没有额外另发薪水银两。如今，每月可领到数十两银子，还嫌给得太少，这就是不知足啊！要想学习廉洁正直，必须先学会知足。看到那些各地的难民，遍地都是饿死的人，而我们却衣食无忧、住行不缺，这已经属于万幸了，哪里还有什么可以奢望的呢？哪里还敢随意糟蹋东西呢？不仅应当正当地获得利益，还要正当地赢得名誉。不要贪图向上保举获得功劳，不要贪图虚浮不实的名誉，事事知道满足，人人遵守纪律，那么正当的风气就可以得到挽回了。

【点评】

曾国藩标榜"廉矩报国，侧身修行"，其目的是移风易俗，改造社会。他说："治世之道，专以致贤养民为本。其风气之正与否，则丝毫皆推本于一己之身与心。一举一动，一语一默，人皆化之，以成风气。故为人上者，专重修身，以下之效之者，速而且广也。"这就是说，政治家要谨慎自己的言行举止，因为关乎世道人心，可以引领时代风尚；同时，政治家也负有领导社会，使之廉洁向上的责任。这也是他的经验之谈："是日思为督抚之道,即与师道无异,其训饬属员殷殷之意,即与人为善之意,孔子所谓'诲人不倦'也;其广咨忠益,以身作则,即取人为善之意,孔子所谓'为之不厌'也。为将帅者之于偏裨亦如此,为父兄者之于子弟亦如此,为帝王者之于臣工亦如此,皆以君道而兼师道,故曰'作之君,作之师',又曰'民生于三,事之如一',皆此义尔。"

因此,曾国藩不仅克勤克俭,以廉持身,而且不遗余力地提倡廉矩精神。他在《劝诫州县四条》中,其中一条也是"崇俭约以养廉"。他说:"近日州县廉俸,入款皆无着落,而出款仍未尽裁,是以艰窘异常。计惟有节用之一法,尚可公私两全。节用之道,莫先于人少。官亲少,则无需索酬应之繁;幕友家丁少,则减薪工杂支之费。官厨少一双之箸,民间宽一分之力。此外,衣服饮食,事事俭约;声色洋烟,一一禁绝;不献上司,不肥家产。用之于己者有节,则取之于民者有制矣。"

卷九 勤敬

为治首务爱民,爱民必先察吏^①,察吏要在知人^②,知人必慎于听言^③。魏叔子以孟子所言"仁术"^④,"术"字最有道理。爱而知其恶,恶而知其美^⑤,即"术"字之的解也。又言蹈道则为君子^⑥,违之则为小人。观人当就行事上勘察^⑦,不在虚声与言论;当以精己识为先,访人言为后。

【注释】

① 察吏:督察官吏。

② 知人:谓能鉴察人的品行、才能。

③ 听言:听取言论。

④ 仁术:施行仁政的策略。《孟子·梁惠王上》:"无伤也,是乃仁术也。"

⑤ "爱而"二句:《礼记·中庸》:"爱而知其恶,憎而知其善。"

⑥ 蹈道:履行正道。

⑦ 勘察:实地调查。

【译文】

治理政务,首先在于爱民,爱护人民必须先督察官吏,察访官吏的要点在于知人,而知人必须慎于听取言论。魏叔子认为孟子所说"仁术"中,"术"字最有道理,耐人寻味。喜爱一个人却能知道他的短处,厌恶一个人却可以看到他的长处,就是"术"字最好的解释。又说遵行大道、顺应时势的就是君子;违反大道、只谋私利的就是小人。观察一个人应当从他具体行为上去勘察,不在于虚假的名声和浮夸的言论；应当首先提高自己的识见能力，然后再去访察别人的言论。

【点评】

曾国藩生逢乱世，对于吏治腐败有着深刻感受。早年做京官时，他就先后上呈了《应诏陈言疏》、《备陈民间疾苦疏》、《敬陈圣德三端预防流弊疏》，认为内忧外患纷至沓来的原因，在于官场"大率以畏葸为慎，以柔靡为恭"。他在平定内乱的过程中，进一步认识到吏治不清的恶果，在于官民相仇，积怨太深，以至于激成巨变："何尝不以有司虐用其民，鱼肉日久，激而不复反顾，盖大吏之泄泄于上，而一切废置不问者，非一朝一夕之故矣。"因此，"若不从吏治人心痛下功夫，涤肠荡胃，断无挽回之理"，必须整饬吏治，挽回民心，缓和日益激化的阶级矛盾，才能达到治本的目的。

曾国藩认为，要爱民养民，就要选贤任能；而要选贤任能，就要慎于听言。《大学》在讲修身齐家时说："人之其所亲爱而辟焉，之其所贱恶而辟焉，之其所畏敬而辟焉，之其所哀矜而辟焉，之其所敖惰而辟焉。故好而知其恶，恶而知其美者，天下鲜矣。"这就是说，我们评价一个人要客观公正，不要感情用事，也不要因为自己的好恶而产生偏见，既要知其优点，也要知其缺点，这样才能知人善任。孔子也说："始吾于人也，听其言而信其行；今吾于人也，听其言而观其行。"这就是曾国藩所谓"慎于听言"，不要为虚名浮言所惑，而要在"行事上勘察"的道理。

古人修身治人之道，不外乎勤、大、谦。勤若文王之不遑①，大若舜禹之不与②，谦若汉文之不胜③，而勤谦二字，尤为彻始彻

167

终,须臾不可离之道④。勤所以儆惰也,谦所以儆傲也,能勤且谦,则大字在其中矣。千古之圣贤豪杰,即奸雄欲有立于世者⑤,不外一勤字。千古有道自得之士,不外一谦字,吾将守此二字以终身,傥所谓"朝闻道,夕死可矣"者乎⑥!

【注释】

① 不遑:无暇,没有闲暇。

② 不与:不可替代。

③ 不胜:受不住,承担不了。

④ 须臾:片刻,短时间。

⑤ 奸雄:指弄权欺世、窃取高位的人。

⑥ "朝闻道"二句:《论语·里仁第四》:"子曰:朝闻道,夕死可矣。"

【译文】

古人修身治国的方法,不外乎"勤于政事、胸怀广大、谦虚谨慎"几点。勤就是如同周文王那样勤于政务而没有闲暇,大就像舜、禹两位帝王的功业伟大而不可代替,谦就像汉文帝那样谦虚谨慎自以为不可胜任。而勤于政事、谦虚谨慎这两点,更要自始至终地贯彻到底,一刻也不能背离。勤于政事可以使懒惰的习气警醒,谦虚谨慎可以警惕骄傲情绪的滋生,能够勤劳、谦和,那么胸怀宽广自然就在其中了。古往今来的圣贤豪杰,哪怕是奸雄,只要想自立于世,不外乎也是一个"勤"字。能够通晓千古的真理大道的,不外乎一个"谦"字,我将终身遵守这两个字来行事,就是所说的"早晨听到了人间的至理真谛,晚上死了也值得了"呀!

【点评】

曾国藩总结历史上修齐治平的经验,认为居家有"四败",居官也有"四败"。他说:"昔年曾以居官四败、居家四败书于日记,以自儆惕。兹恐久而遗忘,再书于此,与前次微有不同。居官四败曰:昏惰任下者败,傲狠妄为者败,贪鄙无忌者败,反复多诈者败。居家四败:妇女奢淫者败,子弟骄怠者败,兄弟不和者败,侮师慢客者败。仕宦之家不犯此八败,庶有悠久气象。"这些败亡之象,大体不外"骄"、"惰"所致。因此,曾国藩特别提出"勤"、"谦"二字以对治,认为可以持守终身,对内圣外王的事业大有裨益。

《尚书》说:"功崇惟志,业广惟勤。"曾国藩认为,勤于政事是政治家应该具备的基本素质,而且应当从小处着眼。他详细规定了一天的工作安排:"近日公事不甚认真,人客颇多,志趣较前散漫。大约吏事、军事、饷事、文事,每日须以精心果力,独造幽奥,直凑单微,以求进境。一日无进境,则日日渐退矣。以后每日留心吏事,须从勤见僚属、多问外事下手;留心军事,须从教训将领、屡阅操练下手;留心饷事,须从慎择卡员、比较入数下手;留心文事,须从恬吟声调、广征古训下手。每日午前于吏事、军事加意;午后于饷事加意;灯后于文事加意。以一缕精心,运用于幽微之境,纵不日进,或可免于退乎?"后来他作《居官箴》,为"勤"字写了四句注脚:"手眼俱到,心力交瘁。困知勉行,夜以继日。"这也是他一生勤奋的真实写照。

国藩从宦有年①,饱阅京洛风尘②,达官贵人,优容养望③,与在下者软熟和同之象④,盖已稔知之⑤,而惯常之积不能平,乃变而为慷慨激烈,斩爽肮脏之一途,思欲稍易三四十年来不白不黑、不痛不痒、牢不可破之习,而矫枉过正^⑥,或不免流于意气之偏^⑦,以是屡蹈愆尤^⑧,丛讥取戾^⑨,而仁人君子固不当责以庸之道,且当怜其有所激而矫之之苦衷也。

　　诸事棘手^⑩,焦灼之际,未尝不思遁入眼闭箱子之中,昂然甘寝^⑪,万事不视,或比今日人世差觉快乐。乃焦灼愈甚,公事愈烦,而长夜快乐之期杳无音信。且又晋阶端揆^⑫,责任愈重,指摘愈多^⑬。人以极品为荣,吾今实以为苦懊之境^⑭。然时势所处,万不能置事身外,亦惟有做一日和尚撞一日钟而已。

【注释】

①　从宦:犹言做官。有年:多年。

②　饱阅:充分经历。京洛:泛指国都,等于说京城。

③　优容:宽待,宽容。养望:培养虚名。

④　软熟:谓性情柔和圆熟。

⑤　稔(rěn):熟悉,习知。

⑥　矫枉过正:指纠正偏差而超过应有的限度。

⑦　意气:偏激、任性的情绪。

⑧　愆(qiān)尤:过失,罪咎。

⑨　取戾:获罪,受谴责。

⑩　棘手:荆棘刺手,比喻事情难办或难以对付。

⑪　甘寝:静卧,安睡。

⑫　端揆(kuí):指相位,宰相居百官之首,总揽国政,故称。

⑬　指摘:挑出错误,加以批评。

⑭　苦懊:苦恼,烦恼。

【译文】

我踏入仕途已经有好些年了,看够了京城的风气。那些达官贵人、显要人物,特意显示出从容宽宏的气派来提高声望,对待下属姑息纵容,一团和气,这种现象我久已知道并且熟悉。但是我自己多年来养成的惯常禀性,不仅没有因此而磨平,反而越发变得慷慨激烈。我思考惩治迂腐肮脏的途径,心里本想改变一下社会上三四十年来形成的不白不黑、不痛不痒、牢不可破的坏风气。不过,矫正偏差难免超过应有的限度,有时更不免出现意气用事的偏颇,因此经常招致深重的怨恨,被一些人讥讽而自取其咎。然而,真正有道德的君子本不应责备他人没有恪守中庸之道,并且还理应同情体谅他被激发起来纠正恶俗的苦衷啊!

许多事都难办,焦灼万分的时候,也不是没有想过干脆眼一闭,躺到棺材里躲避算了,舒舒服服地休息,什么事也不管,也许比今日活在人世间更加快活。于是焦虑越来越重,公事越来越繁,而快乐死期却杳无音信。而我又晋升为大学士,责任更重,被人指责评议的地方也越多。别人都以官至极品为荣耀,我现在真把它当做痛苦、懊恼的处境。但处在这种形势之下,又万万不能置身事外,也只有做一天和尚撞一天钟罢了。

【点评】

曾国藩初入仕途,虽想有所作为,但是官场上的种种倾轧,令他举步维艰。他激烈批评优容养望、软熟和同、不白不黑、不痛不痒的官场习气,希望挽狂澜于既倒,拯大厦于将倾。虽然事与愿违,无力回天,但他仍然不愿同流合污,置身事外,唯有以"忠"、"勤"二字勉励自己,慎独慎微,慎始慎终。他说:"开国之际,若汉唐之初,异才、畸士、丰功、伟烈，飙举云兴，盖全系乎天运，而人事不得与其间。至中叶以后，君子欲有所建树，以济世而康屯，则天事居其半，人事居其半。以人事与天争衡，莫大乎忠勤二字。乱世多尚巧伪，惟忠者可以革其习；末俗多趋偷惰，惟勤者可以遏其流。忠不必有过人之才智，尽吾心而已矣；勤不必有过人之精神，竭吾力而已矣。能剖心肝以奉至尊，忠至而智亦生焉；能苦筋骸以捍大患，勤至而勇亦出焉。余观近世贤哲，得力于此二字者，颇不乏人，余亦忝附诸贤之后，谬窃虚声，而于忠勤二字，自愧十不逮一。吾家子姓，倘将来有出任艰巨者，当励忠勤以补吾之阙憾。忠之积于平日者，则自不妄语始；勤之积于平日者，则自不晏起始。"

卷十　诡道

带勇之法,用恩莫如用仁,用威莫如用礼。仁者,即所谓欲立立人,欲达达人也^①。待弁勇如待子弟之心^②,尝望其成立,望其发达,则人知恩矣。礼者,即所谓无众寡,无大小,无敢慢,泰而不骄也。正其衣冠,尊其瞻视,俨然人望而畏之,威而不猛也^③。持之以敬,临之以庄,无形无声之际,常有懔然难犯之象^④,则人知威矣。守斯二者,虽蛮貊之邦行矣^⑤,何兵勇之不可治哉。

【注释】

① “仁者”三句:《论语·雍也》:“夫仁者,己欲立而立人,己欲达而达人。”

② 弁(biàn)勇:弁兵,士兵。

③ “礼者”几句:《论语·尧曰》:“子张问孔子曰:‘何如斯可以从政矣?’子曰:‘尊五美,屏四恶,斯可以从政矣。’子张曰:‘何谓五美?’子曰:‘君子惠而不费,劳而不怨,欲而不贪,泰而不骄,威而不猛。’子张曰:‘何谓惠而不费?’子曰:‘因民之所利而利之,斯不亦惠而不费乎? 择可劳而劳之,又谁怨? 欲仁而得仁,又焉贪? 君子无众寡,无大小,无敢慢,斯不亦泰而不骄乎? 君子正其衣冠,尊其瞻视,俨然人望而畏之,斯不亦威而不猛乎?’”

④ 懔然:严正貌。

⑤ 蛮貊:古代称南方和北方落后部族,亦泛指四方落后部族。

【译文】

带兵的方法，用恩情不如用仁义，用威严不如用礼遇。"仁"的意思就是说，要想自己立身成事，先让别人立身；要想达到自己的目的，先要达到别人的目的。对待士兵就要像对待自家子弟一样的心情，希望他成事立业，希望他发达兴旺，那么，人们自然感恩于你。"礼"的意思，就是指人与人之间平等对待，不论人数多寡，不分年龄大小，不分职位高低，不要怠慢侮辱别人，要安适平和而不能骄傲自大。端正衣冠，目光庄严肃穆，人们看见就生敬畏之心，觉得威严持重而不激烈。做事要敬业，待人要稳健，于无形无声中显现出凛然不可犯的气象来，这样，别人自然就能尊重你的威严了。如果能遵守这两个方面，即使是到蛮夷落后的邦国也行得通，又有什么样的士兵不能带领呢？

【点评】

曾国藩认为，带勇之法的要领，一是仁礼并用，二是恩威兼施。"用恩莫如用仁，用威莫如用礼"，这两者是互为条件互相统一的。在恩仁方面，曾国藩强调以义理来带兵，编写了浅显易懂而又朗朗上口的歌谣式营规，如《保守平安歌》、《水师得胜歌》、《陆军得胜歌》、《爱民歌》、《营规》等，令士兵传唱并遵守；另外，他倡导将领如父兄般对待士兵，士兵也就视将领为父兄，加上湘军多为邻里乡党的血缘关系，往往能够收到团结军心、整肃纪律的良好效果。在威礼方面，曾国藩加强平时的军事训练，从严要求，毫不松懈，要求"练技艺者，刀矛能保身，能刺人，枪炮能命中，能及远。练阵法者，进则同进，站则同站，登山不乱，越水不杂"；同时，他还强化将官对部下的专统权，下级绝对服从上级，士兵绝对服从军官，这从制度上保障了湘军拥有较强的凝聚力和战斗力。

实际上,这是熟读儒书的曾国藩将修齐治平的理论用来管理军队。他说:"将领之管兵勇,如父兄之管子弟。父兄严者,其子弟整肃,其家必兴;溺爱者,其子弟骄纵,其家必败。"又说:"我辈带兵勇,如父兄带子弟一般,无银钱,无保举,尚是小事,切不可使他因扰民而坏品行,因嫖赌洋烟而坏身体,个个学好,人人成材,则兵勇感恩,兵勇之父母妻子亦感恩矣。"曾国藩将家庭伦理移植到军队中来,逐渐形成亲和团结的友善氛围,将官真心对待士兵,士兵也真心爱戴将官,生死与共,荣辱同享。打起仗来,自然攻无不克,战无不胜。蔡锷极其赞赏曾国藩的带兵之法,他说:"带兵如父兄之带子弟一语,最为慈仁贴切。能以此存心,则古今带兵格言,千言万语皆付之一炬。"

　　兵者,阴事也[1],哀戚之意,如临亲丧[2],肃敬之心,如承大祭[3],庶为近之。今以羊牛犬豕而就屠烹,见其悲啼于割剥之顷,宛转于刀俎之间[4],仁者将有所不忍,况以人命为浪博轻掷之物。无论其败丧也,即使幸胜,而死伤相望,断头洞胸,折臂失足,血肉狼藉,日陈吾前,哀矜之不遑[5],喜于何有?故军中不宜有欢欣之象,有欢欣之象者,无论或为和悦,或为骄盈[6],终归于败而已矣。田单之在即墨[7],将军有死之心,士卒无生之气,此所以破燕也;及其攻狄也,黄金横带[8],而骋乎淄渑之间[9],有生之乐,无死之心,鲁仲连策其必不胜[10]。兵事之宜惨戚,不宜欢欣,亦明矣。

【注释】
　　[1] 阴事:隐秘的事情。
　　[2] 临亲丧:亲临丧礼。

③ 大祭:古代重大祭祀之称,包括天地之祭、禘祫之祭等。

④ 宛转:谓使身体或物翻来覆去,不断转动。刀俎(zǔ):刀和砧板,宰割的工具。

⑤ 哀矜:哀怜,怜悯。

⑥ 骄盈:骄傲自满。

⑦ 田单:生卒年不详,妫姓,田氏,名单,临淄人。战国时田齐宗室远房的亲属,任齐都临淄的市掾(管理市场的小官)。齐国危亡之际,田单坚守即墨,以火牛阵击破燕军,收复七十余城,因功被任为相国,并得到安平君的封号。

⑧ 横带:谓系于腰上。

⑨ 淄渑:淄水和渑水的并称,皆在今山东省。

⑩ 鲁仲连(约前305—前245):战国末期齐国人,又叫做鲁仲连子、鲁连子和鲁连,是战国末年齐国稷下学派后期代表人物,著名的平民思想家、辩论家和卓越的社会活动家。

【译文】

用兵,是很残酷的事情,有哀痛悲愤之意,如同面对失去亲人的场面;有肃穆庄敬之心,如同身处祭奠仪式,这样才可以讲用兵。如今杀猪杀狗杀牛羊之际,见它们嚎叫啼哭在刀割之时,痛苦挣扎在斧案之间,仁慈的人就不忍心观看,何况眼见以人命来相搏杀的战争之事了。先不说战争失败的情形,即使侥幸地获胜,看到战场上死的死伤的伤,到处是断头洞胸、折臂失足、血肉狼藉的场面,哀痛悲切还来不及,哪里会有高兴欢喜的想法?所以在军队中不应有欢欣喜乐的情形,有欢欣喜悦情绪的,不论是高兴还是骄傲轻敌,终归在战争中失败。田单在守即墨的时候,将军有赴死的心思,士兵没有生还的念头,这是能打败燕军的根本啊！等到进攻狄戎时，将士们披着金甲玉带，驰骋在淄渑之间的土地上，有求生的乐趣，没有赴死的心思，鲁仲连认定他一定打不赢，果然言中。用兵打仗的事应当有凄惨的准备，不应有欢欣的妄想，这才是明智的。

【点评】

孙子说："兵者，国之大事，死生之地，存亡之道，不可不察也。"战争是关系到国家存亡和百姓生死的大事，必须从战略上引起高度的重视，对战争进行全面的分析和研究。孙子指出，带甲十万要日费千金，经常用兵则国用不足。因此，孙子告诫人们说："非利不动，非得不用，非危不战。主不可以怒而兴师，将不可以愠而致战；合于利而动，不合于利而止；怒可以复喜，愠可以复悦，亡国不可以复存，死者不可以复生。故明君慎之，良将警之，此安国全军之道也。"

曾国藩也是深刻认识到战争的破坏性和危害性，因此主张慎战、重战和备战，以求安国全军之道。老子说："兵者不祥之器，非君子之器，不得已而用之。"曾国藩也深谙"兵者，阴事"的道理，结合历史经验和战争实践，不断总结教训，提高实战水平。他说："临事而惧，好谋而成，足以包括古今兵书。"他写信劝诫弟弟："既在行间，望以讲求将略为第一义，点名看操等粗浅之事必躬亲之，练胆料敌等精微之事必苦思之。"

同时，他发挥孟子的"不忍人之心"的说法，既表明了他对战争问题的慎重态度和高屋建瓴的战略眼光，又为他建立仁义之师的想法张目，阐述哀兵必胜的道理。孟子说："先王有不忍人之心，斯有不忍之政矣。以不忍人之心，行不忍人之政，治天下可运之掌上。"又说："人皆有所不忍，达之于其所忍，仁也；人皆有所不为，达之于其所为，义也。人能充无欲害人之心，而仁不可胜用也；人能充无穿窬之心，而义不可胜用也；人能充无受尔汝之实，无所往而不为义也。"这就是说，一如"老吾老以及人之老，幼吾幼以及人之幼"，将此"不忍人之心"扩充开去，"以其所爱及其所不爱"，扩大到整个社会，由仁心而至仁政，最终即可实现平治天下的愿望。

练兵如八股家之揣摩①，只要有百篇烂熟之文，则布局立意，常有熟径可寻，而腔调亦左右逢源②。凡读文太多，而实无心得者，必不能文者也。用兵亦宜有简练之营，有纯熟之将领，阵法不可贪多而无实。

此时自治毫无把握，遽求成效③，则气浮而乏，内心不可不察。进兵须由自己作主，不可因他人之言而受其牵制④。非特进兵为然，即寻常出队开仗亦不可受人牵制⑤。应战时，虽他营不愿而我营亦必接战；不应战时，虽他营催促，我亦且持重不进⑥。若彼此皆牵率出队⑦，视用兵为应酬之文，则不复能出奇制胜矣⑧。

【注释】

① 八股：明清科举考试的一种文体，也称制艺、制义、时艺、时文、八比文。其体源于宋元的经义，而成于明成化以后，至清光绪末年始废。文章就四书取题。开始先揭示题旨，为"破题"。接着承上文而加以阐发，叫"承题"。然后开始议论，称"起讲"。再后为"入手"，为起讲后的入手之处。以下再分"起股"、"中股"、"后股"和"束股"四个段落，而每个段落中，都有两股排比对偶

的文字,合共八股,故称八股文。其所论内容,都要根据宋朱熹《四书集注》等书"代圣人立说",不许作者自由发挥。它是封建统治者束缚人民思想,维护封建统治的工具。

② 左右逢源:比喻做事情得心应手。

③ 遽:立刻,马上。

④ 牵制:拖住使不能自由行动。

⑤ 开仗:开战,打仗。

⑥ 持重:行事慎重,谨慎稳重,不轻浮。

⑦ 牵率:牵拘,牵缠,拖累。

⑧ 出奇制胜:用奇兵奇计战胜敌人,亦泛指用常人意想不到的方法、手段来取得好的效果。

【译文】

练兵如同作八股文,只要心中有百篇背得烂熟的文章,那么文章的结构布局、立意主题之法,常有熟路可寻,行文腔调也会左右逢源。凡是那些读书太多,实际上却潦草浮泛没有心得的人,一定不会写文章。用兵也应该有简便实用的营垒,有对于兵法纯熟的将领,学习阵法不可贪多而不切实际。

这时,自己想控制全局是毫无把握的,如果立即追求成效,就会虚火上浮而身体困乏,内心不可不明白这一点。我们常说进兵必须由自己做主,不能因为顾及他人的言论而受到牵制。不仅进兵时是这样,即使寻常出兵开战也不能受人牵制。应该作战时,即使别的营垒不愿作战,我的营垒也必须接战开火;不应该作战时,即使别的营垒催促,我也要谨慎行事不轻易出兵。如果彼此都牵制关联,勉强出兵,把用兵看成是写作应酬文章,那么就再也不能出奇制胜了。

【点评】

曾国藩认为，阵法要烂熟于心，方能临战不怯，临危不乱。曾国藩以儒臣带兵打仗，他往往通过史书中的古战例来熟悉战争类型，做到胸有成竹，然后制定相应的方略，克敌制胜。他在日记中写道："张兴世之据钱溪，宋子仙之取郢州，许德勋之下黄州，皆水路越攻而胜。王琳之下金陵，以水路越攻而败。尉元之取下邳四城，李愬之入蔡州，郭崇韬之策汴梁，以陆路越攻而得之。李道宗之策平壤，李泌之策范阳，以陆路不越攻而失之。"从这些战例中，曾国藩得出结论："成败得失，固无一定之轨辙也。""故知胜败无常，视将才为转移耳。"为了攻克江陵，他翻阅大量古籍，记下很多关于越镇越寨或胜或败的战例。比如，其中一条是探讨唐太宗亲征高丽的："唐贞观十九年，太宗亲征高丽。既拔辽东、盖牟诸城，至安市。将决战，高丽靺鞨合兵为阵，长四十里。江夏王道宗曰：'高丽倾国以拒王师，平壤之守必弱。愿假臣精兵五千，覆其本根，则数十万众可不战而降。'上不应。后攻安市，竟不能拔。降将请先攻乌骨城，众议不从，遂自安市班师。"曾国藩评论说："道宗请越安市而进攻平壤，此虽险途，而实制胜之奇兵也。太宗不从，无功而返，此不能越攻之失者也。"

曾国藩又说，用兵要出奇制胜，不可受人牵制，勉强应战。孙子说："兵者，诡道也。故能而示之不能，用而示之不用，近而示之远，远而示之近。利而诱之，乱而取之，实而备之，强而避之，怒而挠之，卑而骄之，佚而劳之，亲而离之。攻其无备，出其不意。此兵家之胜，不可先传也。"用兵打仗就是要隐藏自己的真实意图，造成敌人的错觉，使敌人判断失误，因此需要千变万化，出其不意。他在《金陵楚军水师昭忠祠记》中说："礼俗政教，邦有常典。前贤犹因时适变，不相沿袭，况乎用兵之道随地形赋势而变焉者也,岂有可泥之法,不敝之制?"他又说:"凡可得而变革者,正赖后贤相时制宜,因应无方,弥缝前世之失,俾日新而月盛。又乌取夫颛己守常,姝姝焉自悦其故迹,终古而不化哉?"兵无常势,水无常形;水因地而制流,兵因敌而制胜。学习和运用古代的战略战术,不能泥古而不化,还要处处从实际出发,相时制宜,审时度势,这样才能因敌变化而取胜,才能随时择善而不败。

卷十一　久战

久战之道,最忌势穷力竭四字。力则指将士精力言之,势则指大局大计及粮饷之接续①。贼以坚忍死拒,我亦当以坚忍胜之。惟有休养士气,观衅而动②,不必过求速效,徒伤精锐,迨瓜熟蒂落③,自可应手奏功也④。

【注释】

① 大局:整个局势,整个局面。大计:重大的谋略或计划。

② 观衅:窥伺敌人的间隙。《左传·宣公十二年》:"会闻用师,观衅而动。"

③ 迨:等到,达到。瓜熟蒂落:瓜成熟后瓜蒂自然脱落,后多比喻条件具备、时机成熟,事情自然成功。

④ 应手:随手,顺手。奏功:奏效,取得功效。

【译文】

打持久战,最忌讳"势穷力竭"这四个字。力,就是指将士的精力而言;势,就是指战局大略,全盘作战计划及粮饷的补充供应。敌人以坚忍的决心拼命抵抗,我也要以坚忍的精神抗衡,直到最后胜利。这时只有在休养士气时,相机而动,不必急于追求胜利而白白消耗精锐的士气。等到时机成熟,就如瓜熟蒂落一样,自然可以一出击便歼灭敌人。

【点评】

曾国藩曾说,要取得持久战的胜利,最忌势穷力竭。"力"是指士兵们的精力,"势"是指大局大计及粮饷之接续。天京之战是曾国藩最典型的"持久"之战,太平军的失败就是势穷力竭所致。

清同治元年(1862)春至同治三年(1864)正月期间,曾国藩曾调动湘、淮两军多次合围天京,然而太平军坚壁固守,曾国藩虽已有大军几十余万,将近三年,仍无从破城而入。经仔细商议后,曾国藩认为必须对天京实施持久战,首先切断天京粮道,待其弹尽粮绝时,进行最后的攻坚。天京城内大宗粮食主要靠水上运输线,因此,攻击的重点就是控制水、陆运输线。湘军先后切断内河和长江两条运粮路线,然后高价买下外商所偷运的粮食,并且通过总理各国事务衙门照会各国驻华公使,要求在攻克天京以前,严禁外国轮船停泊在天京城外,以彻底杜绝天京的一切粮源。天京城内的太平军粮食日渐告罄,太平军筋疲力尽,最终天京城陷落。

在这场战争里,太平军"力"、"势"竭尽,没有挺下来。湘军靠坚韧挺下来了,取得胜利。打持久战,关键要坚韧,且挺且韧,敌必克之。曾国藩曾列举历史上九次战事来说明"胜败无常法,坚韧意志决定尔"的道理。在曾国藩看来,持久战考验的不仅是战术,更重要的是比敌人更坚忍的意志,因此他也说:"贼以坚忍死拒,我亦当以坚忍胜之。"

凡与贼相持日久,最戒浪战①。兵勇以浪战而玩②,玩则疲;贼匪以浪战而猾③,猾则巧。以我之疲战贼之巧,终不免有受害之一日。故余昔在营中诫诸将曰④:"宁可数月不开一仗,不可开仗而毫无安排算计⑤。"

【注释】

①　浪战:轻率作战。

② 兵勇:清代称临时招募的兵卒为勇,因以"兵勇"泛指兵卒。

　　玩:轻视,忽视。

③ 猾:奸诈,狡猾。

④ 诫:告诫,训诫。

⑤ 算计:计划,考虑,打算。

【译文】

　　凡和敌人长期相持不下,最要戒备的是散漫地打仗。士兵们会因散漫作战而不在意,不在意就会懈怠不认真;敌人因为散漫作战而更狡猾,狡猾就会变得机巧。用我军的疲累懈怠去和敌人的诡诈机巧对阵,最终不免会有失败受害的一天。因此我曾经在军营中训诫各位将士说:"宁可数月不开一仗,不可开仗而毫无计划安排。"

【点评】

　　曾国藩在作战上,以打硬仗、持久战著称。在与敌人处于相持阶段时,他极力反对浪战,这里"浪战"是指没有准备、散漫轻率的打仗。他说:"未经战阵之勇,每好言战。带兵者亦然。若稍有阅历,但觉我军处处瑕隙,无一可恃,不轻言战矣。"这里不轻言战,也就是指不打没有准备之仗。浪战不仅使士兵疲惫,而且很难取胜,与其如此,不如坚而守之。实在要打,要做周密安排。因此他曾经在军营中训诫各位将士曰:"宁可数月不开一仗,不可开仗而毫无安排算计。"曾国荃在金陵前线时,他也嘱咐说:"总以'不出壕浪战'五字为主。"

　　曾国藩还强调在打持久战时,不要盲目追求速度、效果,特别要伺机而动。等到时机成熟,弁勇身心强健,斗志昂扬,一战可胜,就如瓜熟蒂落一样,取得成功是水到渠成之事。

　　反对浪战,或坚守不战,似乎胜之甚慢。实际上,养足精力,看准时机,战而必胜,虽慢实快。否则,欲速则不达。这也正如赵烈文《能静居日记》中所说:"为将者设谋定策,攻则必取,不然毋宁弗攻。守则必固,不然毋宁弗守。攻之而为人所逐,守之而为人所破,虽全军不遗一镞,其所伤实多。"

　　夫战,勇气也,再而衰[①],三而竭。国藩于此数语,常常体念[②]。大约用兵无他巧妙,常存有余不尽之气而已。孙仲谋之攻合肥,受创于张辽;诸葛武侯之攻陈仓,受创于郝昭。皆初气过锐,渐就衰竭之故。惟荀罃之拔逼阳,气已竭而复振;陆抗之拔西陵,预料城之不能遽下,而蓄养锐气,先备外援,以待内之自毙[③]。此善于用气者也。

【注释】

　　① 再:表示又一次,第二次。衰:减弱。

　　② 体念:假设处于别人的位置考虑。

　　③ 自毙:自行倒仆,喻自遭失败或自受其害。

【译文】

　　打仗,靠的就是勇气。第一次进攻,士气最旺盛;第二次进攻,士气就开始减弱;等到第三次进攻,士气几乎就完全衰竭了。这是古人的用兵经验,我对这几句话经常思索琢磨。大概用兵并无其他奥妙,经常保持锐气不使其用尽就可以了。孙权攻打合肥,受挫于张辽;诸葛亮攻打陈仓,败在郝昭手中。这都是因为起初锐气太盛,久攻不下士气逐渐衰竭的缘故。而荀罃能攻克逼阳,是因为本来已衰竭的士气,后来又重新振作起来;陆抗能够攻克西陵,是因为他预料到不能很快攻下这座城池，所以养精蓄锐，保持士气，先准备好外援坚守城外，等待城内无法困守而自动投降。这就叫做善于运用士气。

【点评】

"夫战，勇气也。"古人用兵的奥妙就是经常保持锐气不使其用尽。曾国藩也认为，用兵最重要的是气势两字，因此他说："凡打仗，一鼓再鼓而人不动者则气必衰减。凡攻垒，一扑再扑而人不动者则气必衰减。"要保持锐气，关键在于善于养吾气。曾国藩认为，养锐气包含四点：一是养正气、防邪气。让士兵深信其是"正义"之战；二是善和气、防离气；三是练胆气、防怒气；四是严刚气、防骄气。"气不自壮，励之乃刚。"这里曾国藩重点提到两点，即善和气和练胆气。

善和气，防离气。治军之道在人和，团结就是力量。北宋刘书《刘子兵法》中言"万人离心，不如百人同心"。曾国藩最痛恨"败不相救"四字，他立誓要建立一支"诸将一心，万众一气"的队伍，并创制了《要齐心》的歌谣。在他努力下，湘军果然成为"齐心相顾，不肯轻弃伴侣"的部队。

练胆气，防怒气。好的军队必须要培养士兵的胆气，晚清中兴名臣胡林翼说："胆量人人都小，英雄只不过是平日胆小，临时胆大而已。"湘军是一支由文人组建起来的军队，文人特点是思虑过度，贪生怕死。曾国藩想唤醒将士们的豪气与英姿，在挑选将官时，除考察其是否具备用兵之道、忠义之气外，还看他是否血气方刚，是否有不怕死的胆量。

此外，要保持锐气，还在于巧妙挫败敌气。曾国藩认为，挫敌气也有四点：一是用义夺心。宣传对方残暴无道，我方出师为了禁残止暴，救民于水火；二是用威夺气。宣传我师强大团结精良英勇，瓦解敌方士气;三是先声夺人。四是挫其锐气。首战以精兵胜之,挫其锐气。

用兵重气是曾国藩一直强调的观点,他说:"军中能成大事者,气之为也,人之为也。"留出余力,保持锐气,就会取胜,否则,必败无疑。正如他所说:"凡行兵须积蓄不竭之气,留有余之力,《左传》所称再衰三竭,必败之道也。"

卷十二　廪实

　　勤俭自持①，习劳习苦，可以处乐，可以处约②，此君子也。余服官二十年③，不敢稍染官宦气习，饮食起居，尚守寒素家风④，极俭也可，略丰也可，太丰则吾不敢也。凡仕宦之家，由俭入奢易，由奢返俭难。尔年尚幼，切不可贪爱奢华⑤，不可惯习懒惰。无论大家小家、士农工商，勤苦俭约，未有不兴⑥，骄奢倦怠，未有不败。

　　大抵军政吏治⑦，非财用充足，竟无从下手处。自王介甫以言利为正人所诟病⑧，后之君子例避理财之名，以不言有无，不言多寡为高。实则补救时艰⑨，断非贫穷坐困所能为力。叶水心尝谓⑩，仁人君子不应置理财于不讲，良为通论⑪。

【注释】

①　自持：自己维持，自己坚持。

②　处约：生活在穷困之中。《论语·里仁》："子曰：'不仁者，不可以久处约。'"

③　服官：为官，做官。

④　寒素：家世清贫低微。

⑤　奢华：奢侈浮华。

⑥　兴：蓬勃发展，兴旺。

⑦　军政：军中政教，军中政事。

⑧　王介甫：王安石（1021—1086），字介甫，号半山，谥文，封荆国公。世人又称王荆公。北宋抚州临川人，北宋著名政治家、思

想家、文学家、改革家,唐宋八大家之一。诟病:指出他人过失而加非议、辱骂。

⑨ 时艰:时局的艰难困苦。

⑩ 叶水心:叶适(1150—1223),字正则,号水心,世称水心先生。永嘉(今温州市鹿城区)人。南宋著名思想家、文学家、政论家,永嘉学派代表人物。他所代表的永嘉事功学派,与当时朱熹的道学派、陆九渊的心学派并列为南宋三大学派,对后世影响深远。

⑪ 通论:通达的议论。

【译文】

勤俭自立,习惯劳苦,能够置身于优裕的环境中,也能够置身于节俭的环境中,这才是知书达理的君子。我做官二十年,一丝一毫不敢沾染官宦的奢侈习气,日常的饮食起居,还谨守着贫寒朴素的家风,极为俭朴也可以,略微丰裕也可以,但是太丰裕就不敢领受了。凡是做官的人家,由俭朴到奢侈很容易,可是由奢侈恢复到俭朴可就难了,你年纪还小,千万不敢贪恋奢侈浮华,不可养成懒惰习气。无论是资财丰厚的大家族还是勤劳俭朴的小家庭,无论是士子、农民还是雇工、商人,只要是勤俭节约的,没有不兴旺的;只要是骄奢倦怠的,没有不破败的。

大抵治军、治国方面,没有充足的财力物资,就无从下手。自从王安石因谈论财利而被那些所谓的正人君子评论批驳后,后世的君子们就都避开理财的问题,以从不说有无钱财和财力多寡为清高。实际上到了补救国力、扭转时势的时候,断断不是贫穷困苦就能解决问题的。叶适曾经说过,仁人君子不应当不讲理财问题,这真是个很通达的说法。

189

【点评】

古有云："仓廪实而知礼节，衣食足而知荣辱。"礼生于有而废于无，故君子富，好行其德；小人富，以适其力。但是，"廪实"不是天生的衣食无忧，而是靠勤俭节约来慢慢经营。勤俭二字是"廪实"中最重要的秘诀。

勤俭是中华民族的传统美德，我国自古就有以勤俭作为修身齐家治国的良策，《尚书》曰："惟日孜孜，无敢逸豫"，"克勤于邦，克俭于家"。《左传》引云："民生在勤，勤则不匮"，"俭，德之共也；侈，恶之大也"。《周易》有"君子以俭德辟难"之说，《墨子》亦有"俭节则昌，淫佚则亡"之论，李商隐《咏史》有"历览前贤国与家，成由勤俭破由奢"之叹，《新五代史》亦有"忧劳可以兴国，逸豫可以亡身"之鉴。《宋史》云："惟俭可以助廉，惟恕可以成德"，俭还可养廉，俭可成德，勤俭是为了戒骄戒奢，还可培养我们坚强不息、独立自主、克制物欲、勤俭持家的精神品质。

曾国藩熟读儒家经典，深谙此道。正如曾国藩所言："即今世运艰屯，而一家之中，勤则兴，懒则败。"同治七年（1868）曾国藩作《妇幼功课学》教导家人居勤居俭，黎明即起，洒扫庭除，下厨烧灶，纺纱织布，事事躬亲。并添四语云："家俭则兴，人勤则健，能勤能俭，永不贫贱。"家境渐丰后，曾家不如往日节俭，骄奢之气渐长。一次在与万篪轩谈论家事时，曾国藩对万家依旧的俭朴习惯赞叹不已，同时还为自己不够省俭的行为惭愧不已，"自省有俭之名而无俭之实"。他认为子孙后代若精神懈怠，不勤不俭，挥霍无度，万千家业，也会朝夕间倾覆。他还引司马光《训俭示康》中"由俭入奢易，由奢返俭难"警语来告诫子孙后代"勤苦俭约，未有不兴，骄奢倦怠，未有不败"的道理。

同时，身为封疆大吏的曾国藩，也常以"勤俭"秘诀来教诲幕僚及地方官员。明、清两朝徽州出大商大贾，他经常给幕僚讲述徽商理财致富之道，他认为徽商致富的原因就是"勤俭"二字：徽州以勤俭甲于天下，所以其富庶也甲于天下。同样，他也多次给为官的弟弟们讲述节俭的道理，如《书赠仲弟六则》等。

夷务本难措置①，然根本不外孔子忠、信、笃、敬四字。笃者，厚也。敬者，慎也。信，只不说假话耳。然却极难。吾辈当从此字下手，今日说定之话，明日勿因小利害而变。如必推敝处主持②，亦不敢辞。祸福置之度外，但以不知夷情为大虑③。沪上若有深悉洋情而又不过软媚者④，请邀之来皖一行⑤。

以正理言之，即孔子忠敬以行蛮貊之道⑥。以阴机言之⑦，即句践卑辱以骄吴人之法⑧。闻前此沪上兵勇多为洋人所侮慢⑨，自阁下带湘淮各勇到防，从无受侮之事。孔子曰能治其国家，谁敢侮之。我苟整齐严肃，百度修明⑩，渠亦自不至无端欺凌⑪。既不被欺凌，则处处谦逊，自无后患。柔远之道在是⑫，自强之道亦在是。

【注释】

①　夷务：清代后期指与外国有关系的各种事务。措置：安排，料理。

②　推：推荐，推举。

③　大虑：指需要反复考虑的重大问题。

④　沪上：上海的别称。深悉：指了解得比较透彻。软媚：阿谀

191

奉承。

⑤ 皖:安徽省的别称。

⑥ 蛮貊:泛指四方落后国家。

⑦ 阴机:机巧,机谋。

⑧ 句践:勾践(约前 520—前 465),春秋末越国国君(前 496—前 465)在位。姓姒,名勾践,又名菼执。曾败于吴,屈服求和。后卧薪尝胆,发愤图强,终成强国。前 473 年灭吴。

⑨ 侮慢:对人轻忽,态度傲慢,乃至冒犯无礼。

⑩ 百度:百事,各种制度。修明:整饬昭明。

⑪ 渠:方言,他。

⑫ 柔远:安抚远人或远方邦国。

【译文】

洋务问题本来很难处置,但根本问题,也不外乎孔子所说的"忠、信、笃、敬"四个字。笃,就是质厚敦实。敬,就是谦虚谨慎。信,就是诚实无华。然而,这几个字说起来容易,真正做到是极难的。我们应当从这几个字下手,今天说定的话,明天不能因为小的利害关系就改变。如果一定要推举我主持洋务,我也不敢推辞。我可以将祸福置之度外,但是因为不了解外国的情形而深感忧虑。上海那里如果有很懂洋务、了解洋情而又淳厚正直的人,可以请他到安徽来一趟。

从正理上说,我们以孔子的忠敬来与洋人打交道。从权谋机变上说,我们可以采用勾践自辱其身以使洋人骄傲的方式来对付洋人。听说前些日子,上海的兵勇大多都被洋人侮辱轻慢,而自从你带湘淮各处兵勇防卫以来,还从没有发生过受辱的事情。孔子说:"能够自治的国家,没有人敢侮辱。"如果我们整齐队伍严肃法纪,各种事宜都处理得妥当，自然不会无端受侮。既然不被欺凌，就要处处谦逊，这样自然就没有后患了。以柔远之道谋发展是这样，自强之道也是这样。

【点评】

"忠、信、笃、敬"是曾国藩从中国儒家伦理中发掘出的为人处世原则，也是他处理对外关系的基本准则。"忠"指忠于土地和人民，"信"指诚实守信，"笃"指敦厚朴实，"敬"指慎重庄敬。

李鸿章得恩师曾国藩的真传，他曾这样说道："与洋人交际，以吾师（曾国藩）忠、信、笃、敬四字为把握，乃洋人因其忠信，日与缠绕，时来亲近，非鸿章先亲之也。委屈周旋，但求外敦和好。"

他还特别提到恩师曾国藩赠送给他的"诚字锦囊"，诚者，信也。曾国藩认为，诚实是守信的表现，对于外交，双方首先彼此诚信，遵守和约。李鸿章认为这个诚字锦囊"实在有理"，是"颠扑不破"的。并说，后来"办理交涉不论英俄德法，我只捧着这个锦囊，用一个诚字，同他相对，果然没有差错，且有很大收效的时候。古人谓一言可以终身行，真有此理"。当然，这个诚字锦囊也要视情况来灵活运用，若对方不讲诚信，我们要谨慎行事；若对方狡猾诡辩，我们要坚持原则，不能答应其贪得无厌的要求。所以，曾国藩说："显违条约，轻弃诺言，而后为失信也。即纤悉之事，闾笑之间，亦须有真意。"

"敬"是曾国藩为人处世以及对外关系的另一重要原则。曾国藩说："主敬则身强。……内而专静统一，外而整齐严肃，敬之工夫也；出门如见大宾，使民如承大祭，敬之气象也。"曾国藩认为，待人接物，须"常存敬畏之心"，敬是一种礼节，也是一种尊重，更是对百姓对国家的一种负责。具体到对外关系而言，曾国藩认为"信"是交往的基础，"敬"则是交往的策略。由"信"、"敬"发展而来的主和外交政策，目的是为国家的自强谋求长期的和平环境。

也有人认为，"忠"、"信"、"笃"、"敬"不过是曾国藩在外交上忍辱退让的遁词，甚至是以牺牲国家主权、民族利益为巨大代价的。但是，从某种程度上说，这是曾国藩处理外事关系的柔和之道，也是"隐忍徐图"的自强之道。

第就各省海口论之①，则外洋之通商，正与内地之盐务相同②。通商系以海外之土产③，行销于中华④。盐务亦以海滨之场产，行销于口岸⑤。通商始于广东，由闽、浙而江苏、而山东，以达于天津。盐务亦起于广东，由闽、浙而江苏、而山东，以达于天津。吾以"耕战"二字为国，泰西诸洋以"商战"二字为国⑥。用兵之时，则重敛众商之费；无事之时，则曲顺众商之情。众商之所请，其国主无不应允。其公使代请于中国，必允而后已。众商请开三子口，不特便于洋商，并取其便于华商者。中外贸易，有无交通，购买外洋器物，尤属名正言顺⑦。

【注释】

① 第：连词，但。海口：通海的出口。

② 盐务：指经管有关食盐的事务。

③ 土产：某地出产的具有地方色彩的农副业产品和手工业产品。

④ 行销：谓销售货物。

⑤ 口岸：港口。

⑥ 泰西：旧泛指西方国家，一般指欧美各国。

⑦ 名正言顺：泛指做事理由正当而充分。

【译文】

就各省的出海口来说，我认为和外洋通商，正和内地的盐务相同。通商就是以海外的土特产，在中华大地上售卖。盐务也是以各海滨的特产，行销到各个口岸。和国外通商，由广东开始，由福建、浙江到江苏，再到山东，最后到天津。盐务也是兴起于广东，由福建、浙江到江苏，再到山东，最后到天津。我们国家以"耕战"两个字为立国之本，西方各国则以"商战"两个字为立国之本。需要动用军队时，就狠狠地收取商人的税收；和平无事时，就照顾随顺商人的要求。只要是商人们所请求的，国王没有不应允的。他们的公使代表商人向中国提出的事务，一定要听到应允方才罢休。商人们请求开放三个港口，不但便利洋商，也便利华商。中国和外国商贸交易，就是要互通有无，所以购买实用的外洋器物，更是名正言顺。

【点评】

及至鸦片战争，西方列强用坚船利炮叩开国门时，清王朝已呈摇摇欲坠之形势。面对内外交困之境，曾国藩等人率先提出以洋务运动来拯救清王朝的统治。随着洋务运动的深入，曾国藩逐渐认识到引进西方文明有个过程，授人以鱼，不如授人以网。由最开始引进军火、轮船，进而为机械工业、造船工业，再进而为翻译、算学以及声光化电类科技知识，进而再派出第一批留洋学生。一步步见证了曾国藩引进西学的道路，也见证了他努力实践"师夷长技以制夷"决心，更见证了他披荆斩棘、为国奉献的开拓精神。

开拓的路上自然困难重重，甚至障碍种种，当时人痛斥他对外国资本主义势力的经济侵略采取妥协态度、所收关税过少时，他说："欲制夷人，不宜在关税之多寡、礼节之恭倨上着眼。即内地人民处处媚

195

夷、艳夷而鄙华，借夷而压华，虽极可恨、可恶，而远视者不宜在此着眼。"当同僚上书弹劾他对外商走私活动采取姑息宽纵时，他说："凡小事苟无大悖，且以宽缓处之。"

"借商以强国，借兵以卫商"，这是中国古代开明官员所提倡的。"无商不活"是说商业是财力的来源，商业为各行各业提供物质基础，大力发展商业是工农业生产的需要，更是国家财政建设的需要。当时清王朝处于内外交困的境况下，迫切需要坚船利炮来迅速剿灭太平天国，但苦于财政紧张，此经费一直没有来源。在与外商打交道的过程中，曾国藩已痛切地感到中国与外国列强在这方面的巨大差距，也重新认识到"国"与"商"的关系——重视工商业是富国，保护工商业是富国，为工商业主兴兵办外交也是富国。曾国藩主张开放市场，而且主张先沿海后内地开放通商，"通商始于广东，由闽、浙而江苏、而山东，以达到天津"。其目的也是希望清朝政府重视工商业，取法西方，使工商业成为国家财富的主要来源。这既是富民之道，更是富国之道。

卷十三　峻法

世风既薄^①，人人各挟不靖之志^②，平居造作谣言^③，幸四方有事而欲为乱^④，稍待之以宽仁，愈嚣然自肆^⑤，白昼劫掠都市，视官长蔑如也^⑥。不治以严刑峻法，则鼠子纷起^⑦，将来无复措手之处。是以壹意残忍^⑧，冀回颓风于万一^⑨。书生岂解好杀，要以时势所迫，非是则无以锄强暴而安我孱弱之民。牧马者，去其害马者而已；牧羊者，去其扰群者而已。牧民之道^⑩，何独不然。

【注释】

① 世风：社会风气。薄：感情不深，冷淡。

② 不靖：不安宁，骚乱。

③ 平居：平日，平素。

④ 有事：出现变故。

⑤ 嚣然：扰攘不宁貌。自肆：放纵任意。

⑥ 蔑如：微细，没有什么了不起。

⑦ 鼠子：宵小之辈。

⑧ 壹意：统一意志。

⑨ 颓风：颓败的风气。

⑩ 牧民：治民。

【译文】

世风渐不淳厚，人人各怀不安分的心思，平日里造谣惑众，希望天下大乱好趁机作恶为害。稍微对他们宽厚仁慈一些，他们就更加嚣张放肆,光天化日之下在市集抢掠财物,将官府君长视同无物。如果不用严刑峻法惩治他们,那些宵小鼠辈就会纷纷涌起,等将来酿成大乱就无法收拾了。因此我才重视采用严酷的手段,希望起到哪怕微小的作用,来挽救颓废破败的社会风气。读书人哪里会喜好杀戮,实在是被眼下的形势所逼迫,如果不这样,就没有办法铲除强横暴虐之徒,安抚我们软弱和平的民众。放牧马群的人,去掉害群之马就可以了;放牧羊群的人,去掉扰乱群羊的坏羊就可以了。治理民众的道理,又何尝不是这样呢?

【点评】

"乱世用重典,盛世用德政",这可以看做是实施法律的好方法。在曾国藩所处的晚清时代,清王朝统治摇摇欲坠,社会动荡不安,情况纷繁复杂,这时人往往失去法律的约束,为所欲为,抢劫、偷盗等犯罪事件频繁发生。要维护清朝统治正常秩序,挽救颓废破败的社会风气,保国安民,就需要用些严厉的法律来使社会恢复到正常状态,"严刑峻法"也成了当时一种行之有效的手段。

曾国藩早年就提出了"严刑峻法"的主张,他认为,只有通过严格立法,才能够铲除世间的邪恶,使老百姓过上安宁的日子。为此,他极力赞赏周敦颐的法制观:"圣人之法天,以政养万民,肃之以刑。民之盛也,欲动情胜,利害相攻,不止则贼灭无伦焉。故得刑以治。"

峻法,就是指法律的严厉,法律的威严。治国不能不讲法,人人遵纪守法是实现国泰民安的重要保障。峻法一度使曾国藩声名重创,受到朝野抨击,但曾国藩峻法只对世间邪恶,对普通老百姓是主张"仁""礼"爱民的(后文有述),所以他并未退却,他相信,在世风颓废之时,只有"挺"下去,坚持峻法,才能挽救垂危的清王朝。

医者之治瘠痈①,甚者必剜其腐肉而生其新肉②。今日之劣弁羸兵③,盖亦当之为简汰④,以剜其腐者,痛加训练,以生其新者。不循此二道,则武备之弛⑤,殆不知所底止⑥。立法不难,行法为难。凡立一法,总须实实行之,且常常行之。

【注释】

① 瘠:瘦弱。痈(yōng):中医指恶性脓疮。

② 剜:挖削。

③ 劣弁(biàn):品行恶劣的士兵。羸兵:疲弱的士兵。

④ 简汰:挑选,裁减。

⑤ 武备:军备,指武装力量、军事装备等。

⑥ 底止:终止。

【译文】

医生治疗瘦弱病人身上的痈疮时,如果病情严重,也必定要剜除他身上的腐肉,以便长出新肉。现在军中品行恶劣、身体孱弱的士兵,也应该被淘汰精简掉,就好像剜去病人身上腐烂的肌肉一样,然后再对士兵严加训练,以便形成新的、更有战斗力的队伍。如果不按照上述两种办法整顿军队,那么军队武备的废弛,不知要到何时才会停止。立法并非难事,难在要依法办事。每制定一项法令,都要实实在在地实施它,并持之以恒,长久地坚持下去。

【点评】

《孟子·离娄上》中说:"离娄之明、公输子之巧,不以规矩不能成方员。"如何遵守规矩,涉及一个"严"字,对于规矩、条例、法度,我们要严格遵守。同样,对于治兵掌军,也要讲一个"严"字。兵法中有句话"慈不掌兵",曾国藩作为部队指挥官,深知"严"对治兵掌军的重要性。他认为,军队中的劣疲屡兵若不严肃加以整治,就会像毒瘤蔓延危及整个国家。这个"严"是一种严格,更是一种对国家负责的态度。

曾国藩对部将严厉是非常出名的,我们从曾国藩上书参劾李元度的事也能略知一二。李元度曾为曾国藩的幕僚之人,很有才华,擅长谋略,二人关系特别亲厚,而且李元度对曾国藩曾有救命之恩,就连曾国藩自己也说他与李元度"情谊深厚始终不渝"。但在李元度犯错之后,一样被曾国藩弹劾而丢了职位。

治军之要,尤在论功罪,赏罚分明,正如曾国藩自云:"当此沓泄成风,委顿疲玩之余,非振之以猛,不足以挽回颓风。与其失之宽,不如失之严!法立然后知恩,威立然后知感!以菩萨心肠,行霹雳手段,此其时矣。"

以精微之意①,行吾威厉之事②,期于死者无怨,生者知警,而后寸心乃安。待之之法,有应宽者二,有应严者二。应宽者:一则银钱慷慨大方,绝不计较,当充裕时,则数十百万掷如粪土,当穷窘时,则解囊分润③,自甘困苦;一则不与争功,遇有胜仗,以全功归之,遇有保案,以优奖笼之。应严者:一则礼文疏淡,往还宜稀,书牍宜简,话不可多,情不可密;一则剖明是非,凡渠部弁勇有与官姓争讼④,而适在吾辈辖境,及来诉告者,必当剖决曲直,毫不假借⑤,请其严加惩治。应宽者,利也,名也;应严者,礼也,义也。四者兼全,而手下又有强兵,则无不可相处之悍将矣⑥。

【注释】

① 精微:精深微妙。

② 威厉:威严,严厉。

③ 解囊:谓拿出钱财以帮助人。分润:分取钱财,分享利益。

④ 弁勇:弁兵。

⑤ 假借:容忍,宽容。

⑥ 悍将:猛将,暴戾的将领。

【译文】

用谨严精微的态度,行使树立军队威严的职务,务求达到让犯法而被处死的人没有怨恨,活着的人也知道警戒自己,这样我们的内心才能得到安宁。对待下属的方法,有两个方面应该宽松,有两个方面应该严厉。应该宽松的:一是使用银钱时慷慨大方,绝不计较,当钱财充裕的时候,要挥金如土;当穷困窘迫的时候,也要慷慨解囊,分利于他人,而自甘困苦。二是不与人争功,遇到打了胜仗,要将功劳全部归之于别人;遇到有保举的事情,就要通过保举的优奖来笼络他人。应该严厉的:一是礼节文书要疏远淡泊,来往要稀少,书信要简单明了,话不要太多,感情不要过于密切;二是剖析讲明是非对错,凡是他部下将士与官宦百姓争斗诉讼的,又恰在我们的管辖范围之内,又有来诉苦告状的人,一定要弄清原委曲直,毫不包容,请其严加惩治。应该放宽的是利益和名声,应该严格的是礼法和义气。如果这四个方面都兼顾到了,而手下又有强兵,就没有不能相处的悍将了。

【点评】

曾国藩主张立法执法要严,但并非漫无条率,而是要"以精微之意,行吾威厉之事,期于死者无怨,生者知警,而后寸心乃安"。这里的条率大致可归纳为四点：一是执法人员品格公正严明，二是不得任意赦免和赎罚，三是反对冤狱累讼、私自关押，四是要求州县长官躬亲六事、规定清讼期限。可以说，这是当时较为公正公平的，是以爱民为根本的。

这点也是曾国藩"礼"、"仁"二字治军的重要表现，他认为，用恩莫于用仁，用威莫于用礼。正如孔子所谓"一日克己复礼，天下归仁焉"，圣明的君主要做到赏罚分明、恩威并举才能得天下。"仁"、"礼"二字形成了他独特的"两宽两严"的治兵之法。

"两宽两严"治兵之法既是曾国藩早年浸淫儒家伦理中的哲学总结，也是他带兵征战多年经验教训的总结。他认为对犯了政治错误打算施加惩罚的下属，就应"礼文疏淡，往还宜稀，书牍宜简，话不可多"。相反，对那些真正愿意上前线冒死冲锋，有战斗力的下属使用银钱方面应当宽松，无论是充裕还是窘迫，都应该慷慨大方，分利于他。他认为这些下属多数来于底层贫困之家，他们舍身不顾，只为战胜后得到赏钱分与家人。若此时长官还要借名义克扣剥削，重者哗变造反，轻者怠惰脱逃。曾国藩深知筹饷不易，正如他自己说："若不从爱民二字上用功，则造孽大矣！"

曾国藩主张礼法结合，既靠峻法来治军，也以"仁"、"礼"来爱军，诸军均受他的感化，均遵守其约束不改变。当时，他带领的湘军为天下劲旅，四方有警，都争相前往救援，而浙江、福建、四川及淮河流域各地都仰仗他的湘军以为稳固，以致成就了湘军日后的战斗力和功业。

卷十四　外王

逆夷据地求和①，深堪发指②。卧之侧，岂容他人鼾睡！时事如此，忧患方深。至于令人敬畏，全在自立自强，不在装模作样。临难有不屈挠之节③，临财有不沾染之廉，此威信也。《周易》立家之道，尚以有孚之威归反诸身④，况立威于外域⑤，求孚于异族，而可不反诸己哉！斯二者似迂远而不切合事情⑥，实则质直而消患于无形⑦。

【注释】

① 逆夷：对外国侵略者的蔑称。

② 发指：头发竖起来，形容非常愤怒。

③ 屈挠：退缩，屈服。

④ 孚：信任，信用，信誉。

⑤ 外域：本国以外的地区或国家。

⑥ 迂远：犹迂阔，不切合实际。

⑦ 质直：朴实正直。

【译文】

外国人占领了我国的领土，却要求停战议和，这实在令人极为愤慨。古人曾经说过，自己睡觉的床边，怎么能容忍他人自在鼾睡？现在国家时局艰危到这种程度，实在令人非常忧虑担心。要想改变这种局面，让外国人敬畏臣服，国家就必须自立自强，装模作样，虚张声势，其实于事无补。面对危难有不屈不挠的顽强气节，面对财物有不贪不恋的清廉操守，这就是树立威信的根本。《周易》中谈到一个家庭自立于社会,尚且需要家庭中的每个成员都具有令人信服的威望,更何况现在是我们国家要在外国人面前树立威望,要求被外国人信服,我们怎么能够不从自己做起呢?威望和信服这两点,初听起来让人觉得迂阔辽远而不切实际,但其实却是简单而明确的,可以在无形中就消除许多祸患。

【点评】

威信,包含威望和信服两方面含义。要建立威信,也要做到两个方面,一是面对危难有不屈不挠的顽强气节,二是面对财物有不贪不恋的清廉操守,这是建立威信的根本,正如曾国藩言:"临难有不屈挠之节,临财有不沾染之廉,此威信也。"

对一个国家而言,要想让人敬畏,要立足于世界之林,必须要先自立自强,正如曾国藩所说:"至于令人敬畏,全在自立自强,不在装模作样。"常言道:"天助自助者",上天垂青的是那些自强不息、靠自己本事闯天下的人,自强者,不仅能赢得他人的尊重,还能为自己创造机遇。面对外国人的欺侮,我们不能一味委屈求和,也不要装模作样、虚张声势,我们要自立自强,用自己的实力树立威望和尊敬。曾国藩对李鸿章讲处理涉外之事时曾说:"孔子曰能治其国家,谁敢侮之?我苟整齐严肃,百度修明,渠亦自不至无端欺凌。既不被欺凌,则处处谦逊,自无后患。柔远之道在是,自强之道亦在是。"一个国家,一个民族,一个人,如果像孔子所说,我们能自立自强,自己治理好自己,谁敢欺侮我们?

对于一个人,尤其领导者而言,要树立威信,须有临财不贪的清廉。清廉是指不接受他人的礼物,不使自己的人品受到玷污,为官以廉洁为贵,也能建立自己的威望。东汉学者王逸在《楚辞章句》云:

"不受曰廉,不污曰洁。"曾国藩一生提倡廉洁自律,秉公办事,始终坚持"以做官发财为可耻,以宦囊积金为子孙可羞可恨",还要求官员"治署内以端本。为官先治其身,凡银钱不取分毫,凡文书案牍躬亲检点,以身作则,杜绝行私舞弊"。

做到以上这两点,一个人就会有威信,一个国家也会有威望。这是挺经的外王之道,也是国家的自强之道。

凡恃己之所有夸人所无者①,世之常情也;忽于所习见、震于所罕见者②,亦世之常情也。轮船之速,洋炮之远,在英、法则夸其所独有,在中华则震于所罕见。若能陆续购买,据为己物,在中华则见惯而不惊,在英、法亦渐失其所恃。购成之后,访募覃思之士③,智巧之匠④,始而演习,继而试造,不过一二年,火轮船必为中外官民通行之物,可以剿发逆⑤,可以勤远略⑥。

【注释】

①　恃:依赖,仗着。

②　忽:粗心,不注意。习见:常见。罕见:少见。

③　覃(tán)思:深思。

④　智巧:智慧与技巧。

⑤　剿:讨伐,消灭。发逆:清朝统治者对太平天国起义军的蔑称。

⑥　勤:帮助。远略:经略远方。

【译文】

凡是拿自己有而别人没有的东西进行夸耀,这都是人世间的常情;对于经常见到的东西就会忽视,而对于极少见到的东西感到震惊,这也是世间常情。轮船速度的飞快，洋炮射程的遥远，对于英、法两国来说是夸耀自己独有的东西，对于我们中国人来说却是因为罕见而感到吃惊。如果能够陆续购买轮船、大炮为我们所有，那么中国人就会因为它常见而不觉得吃惊，英、法两国也就渐渐失去了他们所倚仗的优势了。购买回来之后，招募精思灵巧的才人，智慧奇巧的工匠，开始演练熟悉，然后尝试制造，不出一两年，火轮船肯定成为中外官民通行的必备工具，同时还可以剿除太平军，为巩固国家的长远战略服务。

【点评】

同治元年(1862)七月，曾国藩大力支持幕客华蘅芳、徐寿等造了中国历史上第一艘火轮船，名为"黄鹄"号，意此后中国将"一飞冲天"，不必再雌伏在列强脚下。由于技术与经费的欠缺，虽然这次所造轮船并未用于军事，且与洋船"尚有差异"，但是曾国藩看到了中国自制轮船的希望，他挺经的外王精神使其重振意志，开始大规模采购国外机器，并成立"江南机器制造总局"来制造枪火军炮，后来制出的产品，与西洋产品不相上下。这更加鼓舞了曾国藩等洋务人士，聘请洋人工程师及工匠来指导华工制造技能，并朝夕研究编译图书，谋求技术改变，于同治七年(1868)七月，终于成功制造第一艘真正的近代火轮船。

"借他人智慧，长自身才智"，面对帝国列强强大的轮船机器，他不排斥、不卑下、不轻忽、不退缩，不仅不为西方炫耀之势沾喜之态所压倒，而且还花重金购买回来，指导军队熟练操作，同时努力学习外国的先进技术，并下定决心尝试制造最后超越之。这是一种智慧，更是一种坚挺的外王精神。

师夷之智，意在明靖内奸[①]，暗御外侮也[②]。列强乃数千年未有之强敌③。师其智,购其轮船机器,不重在剿办发逆④,而重在陆续购买,据为己有。粤中猖獗⑤,良可愤叹。夷情有损于国体⑥,有得轮船机器,仍可驯服,则此方生灵,免遭涂炭耳⑦。有成此物,则显以宣中国之人心,即隐以折彼族之异谋。各处仿而行之,渐推渐广,以为中国自强之本。

【注释】

① 靖:平定,安定。内奸:暗藏在内部进行破坏活动的敌对分子。

② 御:抵御。外侮:外国的侵略或欺侮。

③ 列强:指资本主义诸强国。

④ 剿办:使用武力镇压,从严惩办。

⑤ 粤:广东省的别称。猖獗:任意横行。

⑥ 国体:国家或朝廷的体统、体面。

⑦ 涂炭:蹂躏,摧残。

【译文】

我们学习洋人的智能技术,其目的表面上是为了平定内乱,剿除奸徒,实际上还可以抵御列强的欺侮。列强是我国几千年来从未有过的强敌。学习他们的才智,购买他们的轮船机器,重点不是为了剿除太平军,而是为了陆续购买,为我所有。广东一带,洋人猖獗,实在令人可恨可叹。洋人这种放肆的行为实在有损于国家的威严,有了轮船机器,就可以用来驯服他们,那么我们的老百姓就可以免遭劫难了。有了这些现在的机器,从表面上看,可以稳定国内的人心力量;从根本上讲,也可以抵挡破坏列强侵略我们的阴谋。全国各地都应该推广效仿,以此作为我们中国自强的根本。

【点评】

　　曾国藩身为封疆大臣,面临中国"数千年未有之大变局",面临接踵而来的民族矛盾和阶级矛盾,积极主张购买洋枪洋炮。表面上是为了平定内乱,剿除奸徒,实际上是为了陆续购买,为我所用,最终用来抵御列强的欺侮。这正是曾国藩坚持的"师夷长技以制夷"之道。

　　这一思想的坚持,源于曾国藩善于博采众家之长的态度。作为一代儒学大师,曾国藩精通义理、辞章、经济等学问,但并不局限于此范畴,在坚持以义理为本源的程朱理学基础上,曾国藩主张"一宗宋儒,不废汉学"。曾国藩曾指出:"学于古,则多看书籍;学于今,则多觅榜样;问于当局,则知其甘苦;问于旁观,则知其效验。"他认为只要有益于政治需要,只要能为封建统治渡过难关,他都会去积极吸收和利用其他学术领域中合理的因素。

　　曾国藩这种经世致用之学也体现在对外关系上,面对列强的虎视眈眈、清王朝统治摇摇欲坠之势,他摆脱了夷夏大防的心理,也没有理学派的故步自封,而是采取开放与包容态度,积极倡导学习西洋技术,引进国外先进武器、先进技术。其真正目的是用以抵御列强的欺侮,维护清政府统治。他深知内乱虽会给人民带来无穷痛苦,尚不至于亡国,但是若西方列强长期侵略我朝,定会引起亡国之祸。

　　"师夷长技以制夷",这是民族振兴之道,也是真正的"外王"之法。

卷十五　忠疑

　　盖君子之立身，在其所处。诚内度方寸^①，靡所于疚，则仰对昭昭^②，俯视伦物，宽不怍^③，故冶长无愧于其师^④，孟博不惭于其母^⑤，彼诚有以自伸于内耳。足下朴诚淳信，守己无求，无亡之灾^⑥，翩其相戾^⑦，顾衾对影，何悔何嫌。正宜益懋醇修^⑧，未可因是而增疑虑，稍渝素衷也^⑨。国藩滥竽此间^⑩，卒亦非善。肮脏之习^⑪，本不达于时趋，而逡循之修^⑫，亦难跻于先进。独是蜎守介介^⑬，期不深负知己之望，所知惟此之兢兢耳^⑭。

【注释】

① 内度：内省。

② 昭昭：明亮，光明。

③ 怍（zuò）：惭愧。

④ 冶长：孔子学生。名长，字子长。或云字子芝。春秋齐人，一说鲁人。孔子谓其贤，以女妻之。传说能通鸟语，并因此无辜获罪。终生治学不仕禄。

⑤ 孟博：范滂（137—169），字孟博，汝南征羌（今河南漯河）人。少厉清节，举孝廉。曾任清诏使、光禄勋主事。见时政腐败，弃官而去。桓帝延熹九年（166），以党事下狱，释归时士大夫往迎者车数千辆。灵帝初再兴党锢之狱，诏捕滂，自投案，死狱中。

⑥ 无亡之灾：即无妄之灾，指意外的灾祸。

⑦ 戾：至。

⑧ 懋：勤奋努力。醇修：专一修业。

⑨ 渝：改变，违背（多指感情或态度）。素衷：平素的心意。

⑩ 滥竽：比喻没有真才实学而占据一定的职位。此处为谦辞。

⑪ 肮脏：高亢刚直貌。

⑫ 逡循：却行，恭顺貌。

⑬ 介介：孤高耿直，有节操。

⑭ 兢兢：小心谨慎貌。

【译文】

一般来说，君子讲求的立身之道，在于他所处的环境地位的和谐。如果他确实做到反省内心时，毫无愧疚之处，那么他仰望日月青天，俯视大地万物时，他会心胸广阔，无所畏惧，更不会感到羞耻。所以，公冶长不愧对他的老师孔子，东汉范滂也没有辱没母亲的教诲，他们都有内心足以自信的东西。您这个人，纯朴诚实，淳厚守信，恪守本分，无求于人，可是意外的灾祸却连连降临，夜晚对影深思，内心充满了悔恨和不满。这时正应加深提高修养，发扬美德，不能因此而心生疑虑，哪怕是稍微改变平时一贯的信念。我在此滥竽充数，结果也并不好。我刚直的习性本来就跟不上眼前的形势，而我修行缓慢，也难以跻身高明者行列。只有一件，那就是恪守自己独立正直的原则，希望能够不辜负知己朋友对我的期望，我所追求的也只是小心谨慎地做到这些而已。

【点评】

古人云：唯忠疑之际，人臣最难处。历史上忠而遭疑、疑而致死的事情万万千千，比如竭智尽忠的屈原、精忠报国的岳飞、忠心耿耿的刘基等等，他们的悲催遭遇，熟读历史的曾国藩尽知其详，并有自己保全之道。

曾国藩对大清国忠心耿耿,进不求名,退不避罪,随时准备报效一死,此忠心为时人信服。然而,任何事物都是相对的,忠和疑也是这样,当其备受赞誉之时,权臣们各种的猜疑、不理解、攻击甚至弹劾也接踵而来。面对如此境况,曾国藩始终镇定自若,坚而不移。

这种淡定和坚持,源于他常常"内度方寸"。"内度方寸"即是反省自己的内心,也是一个人自省自戒的功夫。他认为,如果一个人反省内心时,毫无愧疚之处,那么他会心胸广阔,无所畏惧,更不会感到羞耻,正如"慎独者,遏欲不忽隐微,循理不间须臾,内省不疚,故心泰"。

通过内省慎独,曾国藩坚定了自己对清廷久有蒙恩的求报之信念,也明确了自己要挽救清政府于危难之际的历史使命,他的内心有了足以自信的东西。因此,面对清廷,他问心无愧,泰然自若;面对各种猜忌,他坦然坚定,浩气长存。无论在什么情况下,他都恪守自己独立正直的原则,小心谨慎地行使"尽性"释疑之事,终得以避祸而行保全之道。

持矫揉之说者①,譬杞柳以为桮棬②,不知性命,必致戕贼仁义③,是理以逆施而不顺矣。高虚无主见者,若浮萍遇于江湖,空谈性命,不复求诸形色,是理以豕恍不顺矣。惟察之以精,私意不自蔽④,私欲不自挠,惺惺常存⑤,斯随时见其顺焉。守之以一,以不贰自惕⑥,以不已自循,栗栗惟惧⑦,斯终身无不顺焉。此圣人尽性立命之极,亦即中人复性命之功也夫⑧!

【注释】

① 矫揉:故意做作。

② 杞柳:落叶乔木,枝条细长柔韧,可编织箱筐等器物,也称红皮柳。桮棬(bēi quān):一种木质的饮器。《孟子·告子下》:"性犹杞柳也,义犹桮棬也;以人性为仁义,犹杞柳为桮棬。"

③ 戕贼:摧残,破坏。

④ 自蔽:自行掩蔽,谓为自己的成见所囿,无视客观实际。

⑤ 惺惺:清醒貌。

⑥ 不贰:专一,无二心。

⑦ 栗栗:戒惧貌。

⑧ 中人:中等的人,常人。

【译文】

主张矫揉造作说法的人,就好像把杞柳树当作用它的枝条编结成的杯盘一样,不知道本性天命的道理,必然会残害仁义,使道理颠倒而不顺畅。只是高谈玄虚妙论,自己却没有见识和主意的人,就好像浮萍漂泊在江河湖海中,只是浮泛地论述天命、本性的学问,却不探究事物外在的形状和内在的神色,这种学问实际上是模糊不清、不够通畅的。只有体察精微,不隐蔽自己的意图,不屈挠自己的欲望,清醒与机智常存心底,这样的人才会随时都行事顺利。坚守专一的原则,警戒自己要忠贞无贰,并遵循前进不息的规律,兢兢业业地做事,唯恐自己有什么失误之处,这样去做,终生才会没有不顺利的事情。这也是圣贤之人应用尽性来安身立命的最高境界,也是一般人恢复天性、立身处世的有效法则。

【点评】

遭疑被怨,却挺坚守则,矢志不移,尤为可贵。曾国藩正是这样一位人物,他屡遭猜疑,然而对于朝廷始终忠贞不贰、矢志不移力挽清政府于狂澜,是非常值得我们敬佩的。正如梁启超评价曾国藩:"曾文正公,近日排满家所最唾骂者也。而吾则愈更事而愈崇拜其人。吾以为使曾文正公今日而犹壮年,则中国比由其手而获救矣。彼惟以天性之纯厚也,故虽行破坏焉可也;惟以修行之极谨严也,故虽用权交焉可也。彼其事业之成,有所以自养者在也,彼其能率厉群贤,以共图事业之成,有所以字于人且善导人者在也。吾党不欲澄清,天下则已,苟有此志,则吾谓《曾文正集》,不可不日三复也。"(《饮冰室文集·论私德》)

曾国藩从洪秀全的失败已经看清了清朝虽内外交困,但国运还没有到"抽心一烂"之时,与其拔苗助长,不如顺乎自然,守住忠信,成就自己。《礼记》云:"不宝金玉,而忠信以为宝。"金银玉帛不算宝贝,真正的宝贝是忠信。唯有忠贞如一永不二心地守护清廷,并孜孜不倦兢兢业业努力做事才是明智之举。

面对猜疑弹劾,曾国藩体察精微,探究事物内在本质,认清了历史发展规律,并且始终"守之以一,以不贰自惕"。这是圣人安身立命的境界,也是立身处世法则。

阅王夫之所注张子《正蒙》①,于尽性知命之旨,略有所会。盖尽其所可知者,于己,性也;听其不可知者,于天,命也。《易·系辞》"尺蠖之屈"八句②,尽性也;"过此以往"四句③,知命也。农夫之服田力穑④,勤者有秋,散惰者歉收⑤,性也;为稼汤世^⑥,终归礁烂,命也。爱人、治人、礼人,性也;爱之而不亲,治之而不治,礼之而不答,命也。圣人之不可及处,在尽性以至于命。尽性犹下学之事,至于命则上达矣。当尽性之时,功力已至十分,而效验或有应有不应,圣人于此淡然泊然。若知之若不知之,若着力若不着力,此中消息最难体验。若于性分当尽之事,百倍其功以赴之,而俟命之学,则以淡泊如为宗,庶几其近道乎^⑦!

【注释】

① 王夫之(1619—1692):字而农,号姜斋,衡州府城南王衙坪(今衡阳市)人。与黄宗羲、顾炎武并称为明末清初的三大思想家。晚年居南岳衡山下的石船山,著书立说,故世称其为"船山先生"。一生著述甚丰,以《读通鉴论》、《宋论》为其代表之作。

② "尺蠖(huò)之屈"八句:《周易·系辞下》:"尺蠖之屈,以求信也;龙蛇之蛰,以存身也。精义入神,以致用也;利用安身,以崇德也。"

③ "过此以往"四句:《周易·系辞下》:"过此以往,未之或知也;穷神知化,德之盛也。"

④ 服田:种田,从事耕作。力穑(sè):努力耕作。

⑤ 歉收:收成不好。

⑥ 汤:成汤,即商汤,商朝的建立者。姓子,名履,又名天乙,商部族首领主癸之子。

⑦ 庶几:差不多,近似。

【译文】

我阅读王夫之所注解的张载《正蒙》篇,对于尽性知命的意旨略有领会。对自己所能知道、能改变的事,充分发挥自己的作用,就是性;对于自己不可知、无法改变的事,听凭上天的安排,就是命。《周易·系辞上》"尺蠖之屈"八句,讲的就是尽性;"过此以往"四句,讲的就是知命。农夫耕田地种庄稼,勤劳的有好收成,懒惰的就歉收,这就是性;在商汤大旱之年种庄稼,不管怎么勤劳辛苦,庄稼终归焦枯绝收,这就是命。喜爱他人、教化他人、礼遇他人,是性;喜爱他人,他人却不亲近自己;教化他人,他人却不遵从实践;礼遇他人,他人却不回应报答,这就是命。圣贤之人不可企及的地方,就在于尽性而知命。尽性还属于平常人可办到的范围,知命就非常难了。当尽性的时候,努力已达到十分,而效验有时候有,有时候没有,圣人对于这种情况非常平静淡泊。好像知道,又好像不知道,好像用力,又好像没有用力,这其中的分寸最难把握体验。如果对于性应当尽力的事情,百倍努力以求其成功,而对于听天由命的事情,则应当以淡泊为原则,这样差不多就接近大道了。

【点评】

"性"与"命"是中国哲学史上的两个传统命题,是立足于人文主义,用以阐释天人关系、人伦关系的两个基本范畴。但是,众所周知,中国古代哲学家对这两个范畴的重点及内涵与外延的说明是各不相同的。

对于"尽性"与"知命"二者的关系,曾国藩也有自己的理解,他提倡性命并重、尽性知命的思想。他认为"圣人之不可及处,在尽性以至于尽命",这里"尽性"是指对自己所能知道、能改变的事,充分发挥自

215

己的作用,要竭尽全力去做;这里"知命"是指对于自己不可知、无法改变的事,听凭上天的安排,不执著,来之则受,去之不留。在实践中,"尽性"是其主导方面,"知命"常常退居次要地位,因此,曾国藩并非听天由命的庸人,他充分发挥主观能动性作用,利用尽性来改命。

在征战中,曾国藩不仅战事棘手,屡屡受挫,而且常因此受到清政府内部的多方掣肘,还有众多权臣猜疑甚至弹劾。面对如此逆境,曾国藩没有抱怨,安于坦然,并尽性做了很多去疑以安上、化壅塞为通泰的功夫:下令裁去湘军;陈请曾国荃开浙江巡抚缺,回乡调理病情;刊行《曾国藩家书》等等。通过这些尽性之事,借以表明心迹,暗示无隐,求取谅解,同时以澄清弄臣的猜疑。

面对猜疑,曾国藩处之泰然,同时,他积极主动去化解这种猜疑,他"于性分当尽之事,百倍其功以赴之","不问收获,但问耕耘"。"尽性"之事做得完满无缺了,知命之事,"忠疑"现象也随之缓解,直至改命。从"知命"到"尽性"再到"改命",曾国藩超越了传统文人的"性"、"命"观。"知命"和"尽性"这两种态度在曾国藩身上得到完美统一。

卷十六　荷道

文章之道,以气象光明俊伟为最难而可贵。如久雨初晴,登高山而望旷野;如楼俯大江,独坐明窗净几之下,而可以远眺;如英雄侠士,裼裘而来①,绝无龌龊猥鄙之态②。此三者皆光明俊伟之象。文中有此气象者,大抵得于天授③,不尽关乎学术④。自孟子、韩子而外,惟贾生及陆敬舆、苏子瞻得此气象最多⑤,阳明之文亦有光明俊伟之象⑥,虽辞旨不甚渊雅⑦,而其轩爽洞达⑧,如与晓事人语⑨,表里粲然⑩,中边俱彻,固自不可几及也。

【注释】

① 裼裘:泛指袒露里衣,形容不拘礼仪。

② 龌龊:卑鄙,丑恶。猥鄙:卑劣,低劣。

③ 大抵:大都,大概。天授:天赋,引申指与生俱有的禀赋。

④ 学术:学问,学识。

⑤ 贾生:贾谊(前200—前168),洛阳(今河南洛阳东)人,西汉初年著名的政论家、文学家。18岁即有才名,20余岁被文帝召为博士。不到一年被破格提为太中大夫。但是在23岁时,因遭群臣忌恨,被贬为长沙王的太傅。后被召回长安,为梁怀王太傅。梁怀王坠马而死后,贾谊深自歉疚,至33岁忧伤而死。散文如《过秦论》、《论积贮疏》、《陈政事疏》等都很有名;辞赋以《吊屈原赋》、《鹏鸟赋》最为著名。陆敬舆:陆贽(754—805),字敬舆,嘉兴(今属浙江)人。唐代政治家,文学家。大历八年(773)进士,中博学宏辞、书判拔萃科。德宗即位,召充

翰林学士。贞元八年(792)出任宰相,但两年后即因与裴延龄有矛盾,被贬充忠州(今重庆忠县)别驾(州主管官的佐吏),永贞元年(805)卒于任所,谥号宣。著有《陆宣公翰苑集》。苏子瞻:苏轼(1037—1101),字子瞻,和仲,号"东坡居士",世称"苏东坡",死后追谥文忠。眉州眉山(今四川眉山)人。北宋著名的文学家,著有《苏东坡全集》和《东坡乐府》等。

⑥ 阳明:王守仁(1472—1529),幼名云,字伯安,号阳明,封新建伯,谥文成,人称王阳明。绍兴府余姚县(今浙江余姚)人。官至南京兵部尚书、南京都察院左都御史,因平定宸濠之乱等军功而被封为新建伯,隆庆年间追封侯爵。王阳明不仅是宋明心学的集大成者,也是明代最著名的思想家、文学家、哲学家和军事家。著有《王阳明全集》。

⑦ 辞旨:文辞或话语所表达出的含义、感情色彩和风格。

⑧ 轩爽:开朗,爽快。洞达:通晓,透彻。

⑨ 晓事:明晓事理,懂事。

⑩ 粲然:明白貌,明亮貌。

【译文】

写作文章的道理,以气势宏伟广阔、境界明朗雄俊最难达到,也最为可贵。就像是连日阴雨绵绵的天空刚刚放晴,登临高山之上,极目眺望平原的旷野;又像是登上高楼俯临浩渺的大江,独自一人坐在明亮的窗台下,在洁净的茶几旁悠然远眺;又如同英雄豪杰之士,不拘小节,英姿勃勃飘然而至,没有丝毫卑下龌龊的神态。这三种都是光明俊伟的气象。作文能达到这种境界的,大都是得益于天赋,与后天的努力学习关系不是很大。除了孟子、韩愈外,只有汉代的贾谊、唐代的陆贽和宋代的苏轼，他们的文章中达到这一境界的相对较多。明代王守仁的文章也有光明俊伟的气象，虽然文辞意旨不够渊博高雅，但他文章的形式与内容浑然一体，通畅明快，就好像和知书达理的人谈话，文章言辞和内容都很华美，中心和铺陈相得益彰，这确实不是能够轻易达到的。

【点评】

曾国藩认为，文章以气象光明俊伟为贵。这种光明俊伟气象宛如初晴原野的开阔，又如洁净茶几的明亮，还如豪杰英雄的飒爽。

若以文风的阴柔和阳刚来加以区分的话，曾国藩的这番主张接近于文风的阳刚之美，他自称"平生好雄奇瑰玮之文"，这种雄奇瑰玮就是一种阳刚之气。他还说，"古文之法，全在'气'字上用功夫"；又说，"为文全在气盛"。他认为，文章若以这样的雄伟气势，可谓上佳。因此，他评论古文，以雄奇俊迈为贵，以恢弘庄生为美。他自己也作文以实践，他研究义理，精通训诂，创意造言，浩然直达。他意欲效法韩欧，辅益以汉赋之气礼，实文家之难得之境。

曾国藩还认为，这种光明俊伟的气象不是后天学习得到的，而是由先天禀赋而来，正如古人李观说："文贵天成，不可强高也。"他非常倾慕贾谊、陆贽、韩愈、柳宗元、苏东坡等古人文章，尤其觉得韩愈第一，扬雄次之，他认为他们的文章气势恢宏、光明雄俊，而且他还认为这种非凡的生命力和旺盛的气势是天性使然，是他们生命气息的体现，至于说后天努力，仅在造句造字方面的功夫而已。

曾国藩好雄奇瑰玮之文，是他个性使然。他秉性刚强，在军事上尽管屡屡受挫，但仍然不屈不挠，因为他决心建功立业，成为"末世扶危救难之英雄"，这须有一种雄奇阳刚之气来支撑，正如他自言："未有无阳刚之气,而能大有立于世者。"

　　古人绝大事业,恒以精心敬慎出之。以区区蜀汉一隅^①,而欲出师关中^②,北伐曹魏,其志愿之宏大,事势之艰危^③,亦古今所罕见。而此文不言其艰巨,但言志气宜恢宏^④,刑赏宜平允^⑤,君宜以亲贤纳言为务,臣宜以讨贼进谏为职而已。故知不朽之文,必自襟度远大、思虑精微始也^⑥。

【注释】

　①　一隅:指一个狭小的地区。

　②　出师:出兵。

　③　艰危:艰难危急。

　④　恢宏:博大,宽宏。

　⑤　平允:公平允当。

　⑥　襟度:胸襟,胸怀度量。

【译文】

　　古人谋求天下大业,常以专心致志、严谨认真的态度来对待。诸葛亮凭借区区蜀汉的一小块地盘,却打算出兵关中,向北面讨伐势力强大的曹魏,他志向的宏伟远大,所处形势的艰难危急,实在是古今少有的。但是《出师表》这篇文章,不谈事务的艰巨,只说志气应该恢宏,赏罚应该公允,为君者应该亲近贤人、从善如流,为臣者应该以讨伐奸贼、进谏忠言为自己的职责。由此可知,那些流传千古的不朽文章,必定是作者胸襟远大、思虑周密精细的结果啊!

【点评】

曾国藩认为文章除了以气象光明俊伟为贵外,好的文章必须还要求作者本身志向宏伟、胸襟远大、思虑周密精细。他还用诸葛亮前后《出师表》为例说明,诸葛亮"以区区蜀汉一隅,而欲出师关中,北伐曹魏,其志愿之宏大,事势之艰危,亦古今所罕见"。面对势力强大的曹魏,诸葛亮所处形势自然困难重重,但他写的《出师表》一句不提事情的艰巨,只说志气宜恢宏,刑赏宜公允,为君者必亲贤臣而远小人,为臣者应以讨贼进谏为职责。这正是因为诸葛亮本人志向宏伟、胸襟远大,乃至殚精竭虑、死而后已所致,因此他的文章气势恢宏、格局开阔而成不朽之文。

曾国藩的文章在清代是第一流的,他的文章不仅气象光明,也气势恢宏。这与他一生志存远大息息相关。他以"修身齐家治国平天下"为信念,以力挽清政府于狂澜为己任,努力践行文章是"经国之大业,不朽之盛事",因此其文也得以广为流传。

三古盛时①,圣君贤相承继熙洽②,道德之精,沦于骨髓,而学问之意,达于间巷③。是以其时置兔之野人④,汉阳之游女,皆含性贞娴吟咏,若伊莘、周召、凡伯、仲山甫之伦⑤,其道足文工,又不待言。降及春秋,王泽衰竭,道固将废,文亦殆殊已。故孔子睹获麟⑥,曰:"吾道穷矣!"畏匡曰:"斯文将丧!"于是慨然发愤,修订六籍⑦,昭百王之法戒⑧,垂千世而不刊,心至苦,事至盛也。仲尼既没,徒人分布,转相流衍。厥后聪明魁桀之士⑨,或有识解撰著,大抵孔氏之苗裔⑩。其文之醇驳,一视乎见道之多寡以为差:见道尤多者,文尤醇焉,孟轲是也;次多者,醇次焉;见少

221

者,文驳焉;尤少者,尤驳焉。自荀、扬、庄、列、屈、贾而下,次第等差,略可指数。

【注释】

① 三古:泛指古代,特指夏、商、周三代。

② 熙洽:清明和乐,安乐和睦。

③ 闾巷:借指乡里民间。

④ 野人:田野之民,乡野之人。

⑤ 伊莘:名伊,一说名挚,夏末商初人。曾辅佐商汤王建立商朝,被后人尊之为中国历史上的贤相。周召:周成王时共同辅政的周公旦和召公奭的并称。两人分陕而治,皆有美政。凡伯:凡国之君在周代世为王室卿士。周厉王时,在王室供职的凡伯曾赋诗讥讽时政。仲山甫:一作仲山父。周太王古公亶父的后裔。周宣王元年(前827),受举荐入王室,任卿士。

⑥ 获麟:指春秋鲁哀公十四年猎获麒麟事。相传孔子作《春秋》至此而辍笔。

⑦ 六籍:即六经。指孔子整理的《诗》、《书》、《礼》、《易》、《乐》、《春秋》。

⑧ 百王:历代帝王。

⑨ 魁桀:指出众的人。

⑩ 苗裔:子孙后代,引申指学术上派生之支流。

【译文】

夏、商、周三代的鼎盛时期,圣明的君主和贤能的辅相世代相传,社会清明安定,道德的精义深入到人们的心中,讲求学问的风尚普及到市井乡间。因此，那时候哪怕是捕兔子的乡野之人，还是江汉水边游玩的女子，都天性淳厚贞静，善于吟咏自己的情性。至于像伊莘、周召、凡伯、仲山甫等人，他们的德行完美，文才精工，自然不用多言。等到了春秋时期，君王的恩泽衰败枯竭，道义本身行将废弛，文章也渐渐变化了。所以，当孔子看到人们捕获麒麟，就叹息说："我崇尚的大道完结了啊！"被匡人威胁时说："古代的礼乐制度将要丧失了！"于是慨然发愤，修订六经，昭示称王百代所需要的法制，使之流传千世而不更改，真是用心良苦之至，事业盛大之极啊！孔子去世之后，他的门徒遍布天下，不断传授、演进他的学说。后世聪明杰出的人才，或者是有知识见解擅长著书立说者，大多都是孔子的传人。他们的文章是醇厚还是驳杂，完全根据他们掌握大道的多少来确定各自的品位：掌握大道特别多的人，他的文章就醇厚深沉，如孟轲就是这样的人；掌握大道较多的人，他的文章就较为醇厚；掌握大道少的人，他的文章就有些驳杂浮泛；掌握大道越少的人，他的文章就越驳杂。在荀况、扬雄、庄子、列子、屈原、贾谊之下，他们的高低等次，基本上可以排列出来。

【点评】

"文以荷道"是曾国藩文学主张，他认为古人文章醇厚与否，与其包含大道的多少有关，并以历代文章为例来说明。夏商周时期，不仅伊莘、周召、凡伯、仲山甫等人，德行完美，文才精工，就是凡夫俗子，也天性淳厚、善于吟咏。这是因为君主圣明、社会清明的精义已深入人心。降及春秋，文风渐变，乃君王恩泽枯竭，道义废弛之故，所幸孔子愤然发奋，修订六经，流芳千古。

曾国藩所处的时代是"上失其道，民散久矣"的时代。继康乾盛世之后,西方列强加强对华的侵略,国家处于风雨飘摇之中,世风日下,人心日沦,社会陷入分崩离析危机。而官场上却遍是圆滑弥缝之辈,虚伪粉饰之徒,人才日见寥落。曾国藩正是在这样一种情势下,肩负起"文以荷道"的历史使命,曾国藩认为要使整个社会风气为之一变,不能用强力,而只能诉诸文事。他认为,文章是"经国之大业,不朽之盛事",须以"文以载道"来达到"文以救世"目的,他曾对弟子等言:"君子之为学,以明道,以救世也。"

曾国藩不但自己率先身体力行,写慷慨激昂之文字,还聚集一大群和他经历、志向、精神状态颇为相似的文人们,他们继承和发扬曾国藩的文学主张,形成了文学史上桐城文派。他们用文字把积弊积弱、危在旦夕的局势告诉世人,警戒世人,目的为了挽救世风,使其更有效服务于政治和社会。经世致用,就是荷道。

卷十七 藏锋

　　《扬雄传》云[①]:"君子得时则大行[②],不得时则龙蛇[③]。"一曲一直,一伸一屈。如危行,伸也。言孙,即屈也[④]。此诗畏高行之见伤[⑤],必言孙以自屈,龙蛇之道也。

　　诚中形外[⑥],根心生色[⑦]。古来有道之士,其淡雅和润,无不达于面貌。余气象未稍进,岂耆欲有未淡邪?机心有未消邪[⑧]?当猛省于寸衷[⑨],而取验于颜面。

【注释】

　　① 扬雄(前53—18):字子云,蜀郡成都(今四川成都郫县友爱镇)人。西汉官吏、学者。少好学,口吃,博览群书,长于辞赋。年四十余,始游京师,以文见召,奏《甘泉》、《河东》等赋。成帝时任给事黄门郎。王莽时任大夫,校书天禄阁。扬雄是司马相如之后西汉最著名的辞赋家。著有《太玄》、《法言》、《方言》、《训纂篇》等。

　　② 得时:遇合机缘,行时走运。大行:行大事。

　　③ 龙蛇:喻隐退。《周易·系辞下》:"龙蛇之蛰,以存身也。"

　　④ "如危行"四句:危行,正直的行为。孙,同"逊",避退,谦让。《论语·宪问》:"邦有道,危言危行;邦无道,危行言孙。"

　　⑤ 高行:高尚的品行。

　　⑥ 诚中形外:《礼记·大学》:"此谓诚于中,形于外。故君子必慎其独也。"

　　⑦ 根心生色:《孟子》:"君子所性,仁义礼智根于心,其生色也,睟

225

然见于面,盎于背,施于四体,四体不言而喻。"

⑧ 机心:巧诈之心,机巧功利之心。

⑨ 寸衷:指心。

【译文】

《扬雄传》中说道:"君子遇到政治清明、君王有力的时候,就要努力实施自己的理想抱负;遇到政治紊乱、君主无道的时候,就要像龙蛇那样,能屈能伸。"龙蛇,就是指一曲一直,一伸一屈。比如说,行为正直就属于伸的一面;言辞谦逊,就属于屈的一面。这首诗讲的是为了避免品行高尚而受到伤害,所以要言语谦逊,以自屈求全,这就是龙蛇之道。

诚恳的心意表现在人的外貌上,植根心中的本性也会表现在气色上。古往今来有道的人,他们的淡雅谦和无不通过外貌表现出来。我的气色没有丝毫变化,难道是欲望没有淡化?机心没有消弭?我应该在心中深刻反省,让内在涵养通过外貌表现出来。

【点评】

孔子说:"人不知而不愠,不亦君子乎?"才华不被赏识,能力不被了解,既不怨恨,也不迁怒,这是君子的修养境界,也是处世的藏锋之道。孔子要求"温、良、恭、俭、让",其实也有藏锋的意思在里面。老子说:"大巧若拙,大辩若讷。"真正聪明的人看似平庸,不自炫耀;真正善辩的人发言持重,不露锋芒。这些都是看透了人性、参透了世情之后的远害全身之道。常言说:"木秀于林,风必摧之;堆出于岸,流必湍之;行高于人,众必非之。"一般人唯恐人不我知,所以锋芒毕露,无所顾忌,行动上快人一步,言语上压人一头。但是却不知道,才华横溢、锋芒太露的人,虽然容易受到重视,却也容易招人忌恨,遭人暗算。

因此，曾国藩的龙蛇伸屈之道，其实是韬光养晦、自屈求全的生存之道。那么，什么是"藏锋"呢？曾国藩解释说："藏，匿也，蓄也；锋，尖也，锐也。藏锋乃书家语，言笔锋藏而不露也。吾谓言多招祸，行多有辱。是故，傲者人之殃，慕者退邪兵。为君藏锋，可以及远；为臣藏锋，可以至大。讷于言，慎于行。乃吉凶安危之关，成败存亡之键也。"这就是说，屈是为了伸，藏锋是为了蓄志，其目的是为了更好地做事。锋芒太露而不懂得收敛，虽然容易取得暂时的成功，但是却也埋下了危机的种子。因此，曾国藩劝诫家人："长傲、多言二弊，历观前世卿大夫兴衰，及近日官场所以致祸福之由，未尝不视此二者为枢机。"

值得注意的是，曾国藩所说的藏锋之道，不仅是一种处世哲学，而且是一种修养功夫，并非一味地圆滑善变，委曲求全。曾国藩要求淡嗜欲，消机心，以求达到"淡雅和润"的精神气度。这就将藏锋的处世艺术提升到内圣的修养境界。

凡民有血气之性，则翘然而思有以上人①。恶卑而就高，恶贫而觊富，恶寂寂而思赫赫之名②。此世人之恒情。而凡民之中有君子人者，率常终身幽默，暗然退藏③。彼岂异性？诚见乎其大，而知众人所争者之不足深较也。自秦汉以来，迄于今日④，达官贵人，何可胜数？当其高据势要⑤，雍容进止⑥，自以为才智加人万万。及夫身没观之⑦，彼与当日之厮役贱卒⑧，污行贾竖⑨，营营而生，草草而死者，无以异也。而其间又有功业文学猎浮名者⑩，自以为材智加人万万。及夫身没观之，彼与当日之厮役贱卒，污行贾竖，营营而生，草草而死者，亦无以甚异也。然则今日之处高位而获浮名者，自谓辞晦而居显⑪，泰然自处于高明。曾不知其与眼前之厮役贱卒,污行贾竖之营营者行将同归于澌尽^⑫,而毫毛无以少异,岂不哀哉!

【注释】

① 翘然:昂首企足貌,多用以形容期待或思慕。

② "恶贫"二句:觊,希望得到。寂寂,孤单,冷落。赫赫,显赫盛大貌,显著貌。

③ "率常"二句:率常,经常,通常。幽默,沉寂无声。退藏,退归躲藏,隐匿。

④ 迄:到,至。

⑤ 势要:有权势、居要职。

⑥ 雍容:形容仪态温文大方。进止:进退,举止,行动。

⑦ 没:通"殁",死。

⑧ 厮役:旧称干杂事劳役的奴隶。后泛指受人驱使的奴仆。贱卒:士卒。以其身份微贱,故称。

⑨ 污行:卑下的行当。贾竖:旧时对商人的贱称。

⑩ 文学:文章博学。猎:猎取,追求。

⑪ 居显:身居高位,权势显赫。

⑫ 澌(sī)尽:消尽,死亡。

【译文】

大凡有血气天性的人,都会油然生出想用什么办法超过他人的念头。他们讨厌卑微的职位,向往崇高的权势,讨厌贫贱而希望富贵,讨厌默默无闻而希慕声名赫赫。这是世人的常情。但是大凡君子,大都终身寂静藏锋,恬淡地弃官隐居。他们难道与一般人的天性不一样吗？实际上，他们才真正明白了大的道理，知道一般人所争夺追逐的名利是不值得计较的。从秦汉至今，所谓的达官贵人，哪里能数得尽呢？当他们高居权势要职时，举止仪态从容高雅，自以为才智超过别人万万倍。但等到他们死去之后再看，他们和当时的杂役贱卒、低下行当的买卖人，就那样忙忙碌碌活着，又草草死去的人，也没有什么特别不同的。当然其中也有所谓依靠功业文章猎取浮名的人，也自以为才智超过别人万万倍。但是等到他们死去再看，他们和当时的杂役贱卒、低贱贩夫，就那样忙忙碌碌地活着，又草草死去的人，也真的没有什么不同之处。既然这样，那么今日那些身居高位而取得虚名的人，自以为自己文章蕴含深义而地位显贵，因而泰然自若地自奉为高明，竟然不知道自己跟眼前那些忙忙碌碌执劳役、供使唤的杂役贱卒、低贱贩夫一样，最终都同归于死亡，而没有丝毫的差异，难道这不叫人悲哀吗？

【点评】

老子说："不自见，故明；不自是，故彰；不自伐，故有功；不自矜，故长。"一般人只是看到事物的表象，却看不到事物的本质，汲汲于求全求盈，急急于彰扬显溢，因此引起无数纷争。老子以其睿智洞察事物的真相，告诉人们：求全之道，在于不争；不争之道，在于"不自见"、"不自是"、"不自伐"、"不自矜"。相反，"自见者不明，自是者不彰，自伐者无功，自矜者不长"。因此，老子说："夫唯不争，故天下莫能与之争。"

曾国藩正是深谙不争之理和藏锋之道，因此韬光养晦，不事招摇。他说："自以秉质愚柔，舍困勉二字，别无他长处。"又说："吾平生短于才，爱者或谬以德器相许，实则虽曾任艰巨，自问仅一愚人，幸不以私智诡谲凿其愚,尚可告后昆耳。"他总是宣称自己秉质愚柔,钝拙短才,不敢以精明自许。他在奏折中也写道:"臣材本疏庸,识尤浅陋,无朱云之廉正,徒学其狂;乏汲黯之忠诚,但师其憨。"曾国藩熟读历史,深明人性,随着权高位重,时刻警惕功高震主。他说:"平日兢兢,恐蹈古来权臣刚愎之咎,但思委曲求全,不敢气陵同列也。"尤其是在攻克天京前后,他更是诚惶诚恐,谋求功成身退:"长江三千里几无一船不张鄙人之旗帜,外间疑敝处兵权过重,利权过大。""自古握兵柄而兼窃利权者,无一不凶于国而害于家,弟虽至愚,岂不知远权避谤之道?""总须设法将'权位'二字让少许,减去几成,则晚节渐渐可以收场耳。"这些都表现出曾国藩非凡的处世智慧和高超的政治智慧。

古之英雄,意量恢拓①,规模宏远②,而其训诫子弟,恒有恭谨厚藏③,身体则如鼎之镇。以贵凌物,物不服;以威加人,人不厌④。此易达事耳。声乐嬉游,不宜令过。蒲酒渔猎⑤,一切勿为。供用奉身,皆有节度⑥。奇服异器,不宜兴长。又宜数引见佐吏⑦,相见不数,则彼我不亲。不亲,无因得尽人情⑧;人情不尽,复何由知众事也⑨? 数君者,皆雄才大略,有经营四海之志⑩,而其教诫子弟,则约旨卑思,敛抑已甚⑪。

【注释】

① 意量:气度。恢拓:指拓展,开拓扩展。

② 宏远:远大,深远。

③ 恭谨:恭敬谨慎。

④ 不厌:不服。

⑤ 蒱(pú)酒:樗蒱和饮酒。樗蒱是盛行于古代的一种棋类游戏，博戏中用于掷采的投子最初是由樗木制成，故称樗蒱。渔猎:捕鱼和打猎。

⑥ 节度:节制,约束。

⑦ 数:屡次。引见:接见。佐吏:指古代地方长官的僚属。

⑧ 人情:人的感情,人之常情。

⑨ 众事:众多的政务,亦泛指各种事情。

⑩ 经营:规划,治理。

⑪ 敛抑:抑制。

【译文】

古代的英雄,志向和胸怀都很广大,事业规模宏大而谋虑深远,但是,他们常常教训告诫子孙,做人应该虚心、谨慎、藏锋,身体要如同铜鼎一样稳固。以权势欺人,别人自然不服;以威势压人,别人定会心生不满。这是显而易见的道理。声色犬马、嬉游聚会之类的活动,不应该做得过分。赌博、酗酒、捕鱼、打猎这样的事情,一概都不要做。吃穿供用等各种花费,都要有所节制。对于奇异服装、稀有玩物,都不应该有太大的兴趣。应该适当地与辅佐自己的官吏见面交流,相见不多,他们就与我不亲近。不亲近,就无法了解他们的感情思想;不了解他们的感情思想,又如何知道众多的政事呢? 这几位先生,都具有雄才大略,都有治理国家的志向,而他们教育告诫子弟,都是意旨简约,往卑微处着想,收敛抑制得很。

【点评】

《周易》说:"君子藏器于身,待时而动。"如何藏器? 曾国藩特意拈出一个"重"字:"恭谨厚藏,如鼎之重。"曾国藩的过人之处在于容止持重，稳如钟鼎，神态威严，震慑人心。他教育子女，也以"重"字相诚。比如，他在家书中提到："尔语言太轻，举止太快，近能力行'迟重'二字以改救否？"又说："尔之短处在言语欠钝讷，举止欠端重。"又说："尔近来写字，总失之薄弱，骨力不坚劲，墨气不丰腴，与尔身体向来'轻'字之弊正是一路毛病……日日留心，专从'厚重'二字上用功。"因此，曾国藩赞赏朴实，提倡力行，鄙夷纸上谈兵式的高谈阔论。他说："读书人之通病，约有二端：一曰尚文而不尚实，一曰责人而不责己。尚文之弊，连篇累牍，言之成理，及躬任其事，则忙乱废弛，毫无条理。"

　　曾国藩用兵，极其稳健，也以"重"字著称。他说："临阵之际，务宜稳而又稳。佯作败不可猛追，孤军不可深入。"又说："打仗不慌不忙，先求稳当，次求变化。"李鸿章总结曾国藩的用兵之道时说："楚军营规，无论调援何处，事势缓急，仍守古法。日行三四十里，半日行路，半日筑营。粮药随带，到处可以立脚，劳逸饥饱之间，将领节养其气力，体恤其艰苦。是以用兵十余年，卒能成功。为其能自立于不败之地，致人而不致于人。"曾国藩的修营扎垒战术，就是以孙子兵法"善战者致人而不致于人"为原则，步步为营，稳扎稳打，居险要之地，出奇而制胜。他说："扎营宜深沟高垒。虽仅一宿，亦须为坚不可拔之计。但使能守我营垒，安如泰山，纵不能进攻，亦无损于大局。"因此，蔡谔评价说："防御之紧严，立意之稳健，为近世兵家所不及道者也。"

卷十八　盈虚

　　尝观《易》之道,察盈虚消息之理①,而知人不可无缺陷也。日中则昃,月盈则亏,天有孤虚②,地阙东南,未有常全而不缺者。"剥"也者,"复"之几也③,君子以为可喜也。"夬"也者,"姤"之渐也④,君子以为可危也。是故既吉矣,则由吝以趋于凶⑤;既凶矣,则由悔以趋于吉⑥。君子但知有悔耳⑦。悔者,所以守其缺而不敢求全也⑧。小人则时时求全;全者既得,而吝与凶随之矣。众人常缺,而一人常全,天道屈伸之故⑨,岂若是不公乎?

【注释】

① 消息:消长,增减,盛衰。《周易》乾卦主阳,坤卦主阴。阳升则万物滋长,故称息;阴降则万物灭,故称消。

② 孤虚:古代方术用语。即计日时,以十天干顺次与十二地支相配为一旬,所余的两地支称之为"孤",与"孤"相对者为"虚"。古时常用以推算吉凶祸福及事之成败。

③ "剥也者"二句:剥,六十四卦之一,坤下艮上。复,六十四卦之一,震下坤上。几,苗头,预兆。

④ "夬(guài)也者"二句:夬,六十四卦之一,乾下兑上。姤(gòu),六十四卦之一,巽下乾上。渐,征兆,迹象。

⑤ 吝:顾惜,舍不得。

⑥ 悔:悔恨,懊悔。

⑦ 但:只,仅,只是。悔:过失,灾祸。

⑧ 缺:器物破损,引申为缺漏而不完整。全:完整,引申为完美

挺经

无缺。

⑨ 屈伸:进退。

【译文】

我曾经思考《周易》中所讲的道理,考察探究盈虚损益的原因,才知道人不可能没有缺陷。太阳到了正午就要偏西,月亮圆的时候就要亏缺,天干地支相配必然会有孤虚之位,西北高倾则东南地势自然低洼,所以没有总是十全十美而一点缺陷也没有的事物。《周易》中的"剥"卦,是讲阴盛阳衰,小人得势而君子困顿,可这正孕育着"复"卦阳刚重返,生气蓬勃,所以君子认为得到"剥"卦是可喜的。《周易》中的"夬"卦,是讲君子强大而小人逃窜,可是这也暗藏着相对应的"姤"卦阴气侵入阳刚,小人卷土重来,所以君子认为得到"夬"卦,也潜伏着危险,不能掉以轻心。本来是吉祥的,由于吝啬可以走向不吉祥;本来是不吉祥的,由于改悔而又向吉祥发展。君子只知道有灾祸,知道世上有许多不吉祥的灾祸,才可以忍受得住缺陷而不去追求过于完美的东西。小人则不懂得这个道理,时时要追求完美;完美已经得到了,但是吝惜和不吉也就随之来到了。假如众人都有不足,而一人常十全十美,如果是因为老天爷的缘故,难道会如此不公平吗?

【点评】

曾国藩研读《周易》,深晓阴阳相生、祸福相倚的道理。日中则昃,月盈则亏,天地万物的发展都离不开这个规律;同样的,水满则溢,人满则败,身危由于势过,祸积起于宠盛,权势达到了顶点,也就是走向败亡的开始。所谓"否极泰来",就是说事情坏到一定程度就会向好的方面转化。因此,曾国藩认为,守缺最好。当部下因功晋职时,他告诫说:"阁下当威望极隆之际,沐朝廷稠叠之恩,务当小心谨慎,谦而又谦,方是载福之道。前次曾以'花未全开月未圆'七字相劝,务望牢记在心。"所谓"花未全开月未圆",就是"守其缺而不敢求全"的道理。其后,他以"求阙"作为斋名,提醒自己不可自满:"物生而有嗜欲,好盈而忘阙……若国藩者,无为无猷,而多罹于咎,而或锡之福,所谓不称其服者欤?于是名其所居曰求阙斋。凡外至之荣、耳目百体之嗜,皆使留其缺陷。"

那么,如何才能戒骄戒躁趋吉避凶呢?曾国藩认为只有"悔"字诀。他说:"君子之处顺境,兢兢焉常觉天之过厚于我,我当以所余补人之不足;君子之处啬境,亦兢兢焉常觉天之厚于我,非果厚也,以为较之尤啬者,而我固已厚矣。古人所谓境地须看不如我者,此之谓也。"也就是说,时时要有不自足、不自满、不自得的警觉意识,不可因为势大名高而骄纵放肆,从而招致怨恨。因此,他一贯主张"盛时常作衰时想,上场当念下场时,富贵人家,不可不牢记此二语也",只有推美让功,才能持盈保泰。他说:"观古今以来成大功享全名者,非必才盖一世。大抵能下人,斯能上人;能忍人,斯能胜人。若径情一往,则所向动成荆棘,何能有济于事?来示所谓尽心竭力,做得一分算一分,此是安心妙法。"

天下事焉能尽如人意?古来成大事者,半是天缘凑泊①,半是勉强迁就②。

金陵之克,亦本朝之大勋③,千古之大名,全凭天意主张,岂尽关乎人力?天于大名,吝之惜之,千磨百折,艰难拂乱而后予之④。老氏所谓"不敢为天下先"者,即不敢居第一等大名之意。弟前岁初进金陵,余屡信多危悚儆戒之辞⑤,亦深知大名之不可强求。

今少荃二年以来屡立奇功⑥,肃清全苏,吾兄弟名望虽减,尚不致身败名裂,便是家门之福。劳师虽久而朝廷无贬辞⑦,大局无他变,即是吾兄弟之幸。只可畏天知命,不可怨天尤人⑧。所以养身祛病在此,所以持盈保泰亦在此⑨。

【注释】

① 天缘:天意促成的因缘、机缘。凑泊:促成,形成。

② 迁就:降格相就,曲意迎合。

③ 大勋:大勋劳,大功业。

④ 拂乱:违反其意愿以乱之。《孟子·告子下》:"故天将降大任于是人也,必先苦其心志,劳其筋骨,饿其体肤,空乏其身,行拂乱其所为,所以动心忍性,曾益其所不能。"

⑤ 危悚:危惧。儆戒:警戒,戒备。

⑥ 少荃:李鸿章(1823—1901),晚清名臣、洋务运动的主要领导人之一,安徽合肥人,世人多尊称李中堂,亦称李合肥。本名章桐,字渐甫或子黻,号少荃(泉),晚年自号仪叟,别号省心,谥文忠。淮军创始人和统帅、洋务运动的主要倡导者之一、晚清重臣,官至直隶总督兼北洋通商大臣,授文华殿大学士。著有《李文忠公全集》。二年:指同治二年(1863)。

⑦ 劳师:使军队疲劳。

⑧ "只可"二句:畏天知命,知天命,识时务。怨天尤人,怨恨命运,责怪别人,指对不如意的事一味归咎于客观。

⑨ 持盈保泰:指处在极盛时要谦逊谨慎以保持平安。

【译文】

天下事怎能尽如人意？自古以来成就大业的人，一半是天意因缘的相凑促成，另一半则是人为努力强求的原因。

攻克金陵，也是本朝的大功勋，千古的大功名，这全都是凭借上天意旨做主，怎么会完全由人力决定呢？上天对于大功名，吝惜得很，经千百次折磨、艰难动乱之后才能给予。老子所说的"不敢为天下先"这句话，就是说不敢身居天下第一等大功名的意思。弟弟你前年刚刚进驻围攻金陵的时候，我多次写信给你并大多是劝诫你小心儆戒的言辞，因为我也深知大功名是不能勉强邀求的。

少荃（李鸿章）自从同治二年以来屡建奇功，肃清江苏全境，我辈兄弟的名望声誉虽然降低，但还不至于身败名裂，这就已经是家门的福分了。让军队疲惫困顿的时间已经很长了，而朝廷并没有贬斥之辞，大局没有发生其他意外的变故，这就是我们兄弟值得庆幸的事了。我们只应该敬畏上天，相信天命，万万不能埋怨上天，归罪别人。我们用以保养身体、祛除疾病的方法靠这个，我们用来维持家族兴旺之象、保持畅通安泰的方法也是靠这个。

【点评】

老子说："功成，名遂，身退，天之道。"在获得功名利禄之后，需要考虑如何才能不为功名利禄所累，既能够拿得起，又能够放得下，既能够进得去，又能够出得来。实际上，能够做到"身退"是很难的，因为人性本贪，迷恋金钱权势。这就需要有清醒的头脑，看透世事人情；又需要有舍的勇气，懂得全身而退的哲理。曾国藩十分清楚这个道理，他说："日中则昃，月盈则蚀，五行生克，四序递迁，休旺乘除，天地阴阳，一定之理，况国家乎？况一省乎？况一家乎？"翻阅历史，经常看到"狡兔死,走狗烹;飞鸟尽,良弓藏;敌国破,谋臣亡"的悲剧在上演。因此,曾国藩时常提醒自己"富贵常蹈危"这一残酷的历史教训。

曾国藩认为,人之所以不懂得适可而止、持盈保泰的道理,大半是因为贪欲所致,从而表现出求满求全的心态。他说:"知足天地宽,贪得宇宙隘。岂无过人姿,多欲为患害。在约每思丰,居困常求泰。富求千乘车,贵求万钉带。未得求速偿,既得求勿坏。"但是,福兮祸所伏,祸兮福所倚,在汲汲于功名富贵而志得意满时,灾难和危机也会随之而来:"岁燠有时寒,日明有时晦。时来多善缘,运去生灾怪。诸福不可期,百殃纷来会。片言动招尤,举足便有碍。"而且,需要警惕的是,有了这种求满的心态,便会陷入攀比的漩涡而不能自拔:"己拙忌人能,己塞忌人遇。己若无事功,忌人得成务。己若无党援,忌人得多助。势位苟相敌,畏逼又相恶。己无好闻望,忌人文名著。己无贤子孙,忌人后嗣裕。争名日夜奔,争利东西骛。但期一身荣,不惜他人污。闻灾或欣幸,闻祸或悦豫。问渠何以然,不自知其故。"攀比的可怕之处在于,它会激发人内心深处的嫉妒、虚伪、愤怒、残酷等负面情绪,在欲望的牵引下迷失自己,做出损人不利己的行为,结果是:"天道常好还,嫉人还自误。"这也是古人讲的,机关算尽太聪明,反误了卿卿性命。

谆谆慎守者但有二语①,曰"有福不可享尽,有势不可使尽"而已。福不多享,故总以俭字为主,少用仆婢,少花银钱,自然惜福矣②;势不多使,则少管闲事,少断是非,无感者亦无怕者③,自然悠久矣。余斟酌再三④,非开缺不能回籍⑤。平日则嫌其骤,功成身退⑥,愈急愈好。

【注释】

① 谆谆:忠谨诚恳貌。

② 惜福:珍惜福泽,指享受不肯过分。

③ 感:感谢,感激。

④ 斟酌再三:反复考虑以后决定取舍。

⑤ 开缺:旧时官吏因故不能留任,免除其职务,准备另外选人充
任。籍:籍贯,原籍。

⑥ 功成身退:大功告成之后,自身隐退,不再做官。《老子》:"功
成,名遂,身退,天之道。"

【译文】

让大家严格遵守的只有两句话,那就是"有福分不要尽情享受,有
权势也不能用得精光"。有福而不过分享用,就是要以"俭"字为主,
少用仆人奴婢,少花银钱,自然就是珍惜福分了;有权势而不过多使
用,少管闲事,少评判是非,没有人感谢你,也没有人惧怕你,就自然可
以长久了。我还在反复考虑,不辞职就不能回老家。平日里总嫌这样
做太急促,但是成就功业以后引退,则是要越快越好。

【点评】

月圆则缺,盈满则亏。曾国藩功成名就、春风得意之后,丝毫没有
飞扬跋扈、洋洋自得之态,反而处处小心,慎之又慎。曾国藩认为,越
是身居高位,越要谦恭谨慎,清廉自守,方为持盈保泰之道。他说:"管
子云:斗斛满则人概之,人满则天概之。余谓天之概无形,仍假手于人
以概之。霍氏盈满,魏相概之,宣帝概之;诸葛恪盈满,孙峻概之,吴主
概之。待他人之来概而后悔之,则已晚矣。吾家方丰盈之际,不待天
之来概、人之来概,吾与诸弟当设法先自概之。"这就是说,当出现丰盈

之象后,不能自我膨胀,肆无忌惮,而要看到孕育的危机,恪守自概之道,才不至于"待他人之来概而后悔之",从而永远立于不败之地。

那么,什么是"自概"呢?曾国藩说:"自概之道云何,亦不外清、慎、勤三字而已。吾近将清字改为谦字,慎字改为谦字,勤字改为劳字,尤为明浅,确有可下手之处。"所谓"自概",也就是"有福不可享尽,有势不可使尽"。正是基于这样的认识,他更加重视教育后代如何做人,苦心于事业的存续上。他要求儿辈半耕半读,"以守先人之旧,慎无存半点官气",特别强调"不许坐轿,不许唤人取水添柴等事。其拾柴收粪等事,必须一一为之;插田莳禾等事,亦时时学习之",也就是说,"总以习劳苦为第一要义"。他还反对给子孙积攒钱财,购置家业,因为"银钱田产,最易长骄气逸气。我家中断不可积钱,断不可买田;尔兄弟努力读书,决不怕没饭吃"。相反,他教导子女读圣贤之书,把书中的道理"体到身上去",与内心生活、日常言行联系起来。他说:"凡人多望子孙为大官,余不愿为大官,但愿为读书明理之君子。"又说:"凡富贵功名,皆有命定,半由人力,半由天事。惟学作圣贤,全由自己作主,不与天命相干涉。"从这些言论中,不仅可以看到曾国藩韬光养晦的处世智慧,还有人格修炼的内圣境界,很值得后人深思和借鉴。

曾国藩传

　　曾国藩,初名子城,字涤生①,湖南湘乡人。家世农。祖玉屏,始慕乡学。父麟书,为县学生,以孝闻。

　　国藩,道光十八年进士②。二十三年,以检讨典试四川,再转侍读,累迁内阁学士、礼部侍郎,署兵部③。时太常寺卿唐鉴讲学京师,国藩与倭仁、吴廷栋、何桂珍严事之,治义理之学④。兼友梅曾亮及邵懿辰、刘传莹诸人,为词章考据,尤留心天下人材。

　　咸丰初⑤,广西兵事起,诏群臣言得失。奏陈今日急务,首在用人,人才有转移之道,有培养之方,有考察之法。上称其剀切明辨⑥。寻疏荐李棠阶、吴廷栋、王庆云、严正基、江忠源五人。寇氛益炽,复上言:"国用不足,兵伍不精,二者为天下大患。于岁入常额外,诚不可别求搜刮之术,增一分则民受一分之害。至岁出之数,兵饷为巨,绿营兵额六十四万⑦,常虚六七万以资给军用。自乾隆中增兵议起⑧,岁糜帑二百余万⑨。其时大学士阿桂即忧其难继⑩,嘉、道间两次议裁,不及十之四,仍宜汰五万,复旧额。自古开国之初,兵少而国强,其后兵愈多则力愈弱,饷愈多则国愈贫。应请皇上注意将才,但使七十一镇中有十余镇足为心腹,则缓急可恃矣。"又深痛内外臣工诣谀欺饰,无陈善责难之风。因上《敬陈圣德预防流弊》一疏,切指帝躬,有人所难言者,上优诏答之。历署刑部、吏部侍郎。二年,典试江西,中途丁母忧归。

三年,粤寇破江宁,据为伪都,分党北犯河南、直隶,天下骚动,而国藩已前奉旨办团练于长沙。初,国藩欲疏请终制,郭嵩焘曰:"公素具澄清之抱,今不乘时自效,如君父何?且墨绖从戎⑪,古制也。"遂不复辞。取明戚继光遗法⑫,募农民朴实壮健者,朝夕训练之。将领率用诸生,统众数不逾五百,号"湘勇"。腾书遝迤⑬,虽卑贱与钧礼。山野材智之士感其诚,莫不往见,人人皆以曾公可与言事。四境土匪发,闻警即以湘勇往。立三等法,不以烦府县狱。旬月中,莠民猾胥⑭,便宜捕斩二百余人。谤讟四起⑮,自巡抚司道下皆心诽之,至以盛暑练操为虐士。然见所奏辄得褒答受主知,未有以难也。一日标兵与湘勇哄⑯,至阑入国藩行台。国藩亲诉诸巡抚,巡抚漫谢之,不为理,即日移营城外避标兵。或曰:"曷以闻?"国藩叹曰:"大难未已,吾人敢以私愤渎君父乎?"

尝与嵩焘、忠源论东南形势多阻水,欲剿贼非治水师不可,乃奏请造战舰于衡州。匠卒无晓船制者,短桡长桨⑰,出自精思,以人力胜风水,遂成大小二百四十舰。募水陆万人,水军以褚汝航、杨载福、彭玉麟领之,陆军以塔齐布、罗泽南领之。贼自江西上窜,再陷九江、安庆。忠源战殁庐州,吴文镕督师黄州亦败死。汉阳失,武昌戒严,贼复乘势扰湖南。国藩锐欲讨贼,率水陆军东下。舟师初出湖,大风,损数十艘。陆师至岳州,前队溃退,引还长沙。贼陷湘潭,邀击靖港,又败,国藩愤投水,幕下士章寿麟掖起之,得不死。而同时塔齐布大破贼湘潭,国藩营长沙高峰寺,重整军实,人人挪揄之[18]。或请增兵,国藩曰:"吾水陆万人非不多,而遇贼即溃。岳州之败,水师拒战者惟载福一营;湘潭之战,陆师塔齐布、水师载福各两营:以此知兵贵精不贵多。故诸葛败祁山,且谋减兵损食,勤求己过,非虚言也。且古人用兵,先明功罪赏罚。今世乱,贤人君子皆潜伏,吾以义声倡导,同履危亡。诸公之初从我,非以利动也,故于法亦有难施,其致败由此。"诸将闻之皆服。

陆师既克湘潭,巡抚、提督上功,而国藩请罪。上诘责提督鲍起豹,免其官,以塔齐布代之。受印日,士民聚观,叹诧国藩为知人,而天子能明见万里也。贼自岳州陷常德,旋北走,武昌再失。国藩引兵趋岳州,斩贼枭将曾天养,连战,下城陵矶。会师金口,谋取武昌。泽南沿江东岸攻花园寇屯,塔齐布伏兵洪山,载福舟师深入寇屯,士皆露立,不避铅丸。武昌、汉阳贼望见官军盛,宵遁,遂复二郡。国藩以前靖港败,自请夺官,至是奏上,诏署湖北巡抚,寻加兵部侍郎衔,解署任,命督师东下。

当是时,水师奋厉无前,大破贼田家镇,毙贼数万,至于九江,前锋薄湖口。攻梅家洲贼垒不下,驶入鄱湖。贼筑垒湖口断其后,舟不得出,于是外江、内湖阻绝。外江战船无小艇,贼乘舴艋夜袭营,掷火烧坐船,国藩跳而免,水师遂大乱。上疏请罪,诏旨宽免,谓于大局无伤也。五年,贼再陷武汉,扰荆襄。国藩遣胡林翼等军还援湖北,塔齐布留攻九江,而躬至南昌抚定水师之困内湖者。泽南从征江西,复弋阳,拔广信,破义宁,而塔齐布卒于军。国藩在江西与巡抚陈启迈不相能，泽南奔命往来，上书国藩，言东南大势在武昌，请率所部援鄂，国藩从之。幕客刘蓉谏曰："公所恃者塔、罗。今塔将军亡，罗又远行，脱有急，谁堪使者？"国藩曰："吾计之熟矣，东南大局宜如是，俱困于此无为也。"嵩焘祖钱泽南曰："曾公兵单，奈何？"泽南曰："天苟不亡本朝，公必不死。"九月，补授兵部侍郎。

六年，贼酋石达开由湖北窜江西，连陷八府一州，九江贼踞自如，湖南北声息不相闻。国藩困南昌，遣将分屯要地，羽檄交驰⑲，不废吟诵。作《水陆师得胜歌》，教军士战守技艺、结营布陈之法，歌者咸感奋，以杀贼敢死为荣。顾众寡，终不能大挫贼。议者争请调泽南军，上以武汉功垂成，不可弃。泽南督战益急，卒死于军。玉麟闻江西警，芒鞋走千里，穿贼中至南昌助守。林翼已为湖北巡抚，国藩弟国华、国葆用父命乞师林翼，将五千人攻瑞州。湖南巡抚骆秉章亦资国荃兵援吉安，兄弟皆会行间。而国藩前所遣援湖北诸军，久之再克武汉，直下九江，李续宾八千人军城东。续宾者，与弟续宜皆泽南高第弟子也。载福战船四百泊江两岸，江宁将军都兴阿马队、鲍超步队驻小池口，凡数万人。国藩本以忧惧治军，自南昌迎劳，见军容甚盛，益申儆告诚之。而是时江南大营溃，督师向荣退守丹阳，卒。和春为钦差大臣，张国樑总统诸军攻江宁。

七年二月，国藩闻父忧，径归。给三月假治丧，坚请终制，允开侍郎缺。林翼既定湖北，进围九江，破湖口，水师绝数年复合。载福连拔望江、东流，扬帆过安庆，克铜陵泥汊⑳，与江南军通。

由是湘军水师名天下。林翼以此军创始国藩,杨、彭皆其旧部,请起国藩视师。会九江克复,石达开窜浙江,浸及福建,分股复犯江西,朝旨诏国藩出办浙江军务。

国藩至江西,屯建昌,又诏援闽。国藩以闽贼不足虑,而景德地冲要,遣将援赣北,攻景德。国荃追贼至浮梁,江西列城次第复。时石达开复窜湖南,围宝庆。上虑四川且有变,林翼亦以湖北饷倚川盐,而国藩又久治兵,无疆寄,乃与官文合疏请国藩援蜀。会贼窜广西,上游兵事解,而陈玉成再破庐州,续宾战殁三河,林翼以群盗蔓庐、寿间,终为楚患,乃改议留国藩合谋皖。军分三道,各万人。国藩由宿松、石牌规安庆,多隆阿、鲍超出太湖取桐城,林翼自英山乡舒、六。多隆阿等既大破贼小池,复太湖、潜山,遂军桐城。国荃率诸军围安庆,与桐城军相犄角㉑。安庆未及下,而皖南贼陷广德,袭破杭州。

李秀成大会群贼建平,分道援江宁,江南大营复溃,常州、苏州相继失,咸丰十年闰三月也。左宗棠闻而叹曰:"此胜败之转机也!江南诸军,将蹇兵疲久矣㉒。涤而清之,庶几后来可借手乎?"或问:"谁可当者?"林翼曰:"朝廷以江南事付曾公,天下不足平也。"于是天子慎选帅,就加国藩兵部尚书衔,署理两江总督,旋即真,授钦差大臣。是时江、浙贼氛炽,或请撤安庆围先所急。国藩曰:"安庆一军为克金陵张本,不可动也。"遂南渡江,驻祁门。江、浙官绅告急书日数十至,援苏、援沪、援皖、援镇江诏书亦叠下。国藩至祁门未数日,贼陷宁国,陷徽州。东南方困兵革,而英吉利复失好,以兵至。僧格林沁败绩天津,文宗狩热河,国藩闻警,请提兵北上,会和议成,乃止。

其冬,大为贼困,一出祁门东陷婺源;一出祁门西陷景德;一入羊栈岭攻大营。军报绝不通,将吏懔然有忧色㉓,固请移营江干就水师。国藩曰:"无故退军,兵家所忌。"卒不从,使人间行檄鲍超、张运兰亟引兵会。身在军中,意气自如,时与宾佐酌酒论文。自官京朝,即日记所言行,后履危困无稍间。国藩驻祁门,本资饷江西,及景德失,议者争言取徽州通浙米。乃自将大军次休宁,值天雨,八营皆溃,草遗嘱寄家,誓死守休宁。适宗棠大破贼乐平,运道通,移驻东流。多隆阿连败贼桐城,鲍超一军游击无定居,林翼复遣将助之。十一年八月,国荃遂克安庆。捷闻,而文宗崩,林翼亦卒。穆宗即位㉔,太后垂帘听政,加国藩太子少保衔,命节制江苏、安徽、江西、浙江四省。国藩惶惧,疏辞,不允,朝有大政,咨而后行。

当是时,伪天王洪秀全僭号踞金陵㉕,伪忠王李秀成等犯苏、沪,伪侍王李世贤等陷浙杭,伪辅王杨辅清等屯宁国,伪康王汪海洋窥江西,伪英王陈玉成屯庐州,捻首苗霈霖出入颍、寿,与玉成合,图窜山东、河南,众皆号数十万。国藩与国荃策进取,国荃曰:"急捣金陵,则寇必以全力护巢穴,而后苏、杭可图也。"国藩然之。乃以江宁事付国荃,以浙江事付宗棠,而以江苏事付李鸿章。鸿章故出国藩门,以编修为幕僚,改道员,至是令从淮上募勇八千,选良将付之,号"淮军"。同治元年,拜协办大学士,督诸军进讨。于是国荃有捣金陵之师,鸿章有征苏、沪之师,载福、玉麟有肃清下游之师;大江以北,多隆阿有取庐州之师,续宜有援颍州之师;大江以南,鲍超有攻宁国之师,运兰有防剿徽州之师,宗棠有规复全浙之师:十道并出,皆受成于国藩。

贼之都金陵也,坚筑壕垒,饷械足,猝不可拔。疾疫大作,将士死亡山积,几不能军。国藩自以德薄,请简大臣驰赴军,俾分己责㉖,上优诏慰勉之,谓:"天灾流行,岂卿一人之咎?意者朝廷政多缺失,我君臣当勉图禳救㉗,为民请命。且环顾中外,才力、气量无逾卿者!时势艰难,无稍懈也。"国藩读诏感泣。时洪秀全被围久,召李秀成苏州,李世贤浙江,悉众来援,号六十万,围雨花台军。国荃拒战六十四日,解去。三年五月,水师克九洑洲,江宁城合围。十月,鸿章克苏州。四年二月,宗棠克杭州。国藩以江宁久不下,请鸿章来会师,未发,国荃攻益急,克之。江宁平,天子褒功,加太子太傅,封一等毅勇侯,赏双眼翎。开国以来,文臣封侯自是始。朝野称贺,而国藩功成不居,粥粥如畏㉘。穆宗每简督抚,辄密询其人,未敢指缺疏荐,以谓疆臣既专征伐,不当更分黜陟之柄㉙,外重内轻之渐,不可不防。

初,官军积习深,胜不让,败不救。国藩练湘军,谓必万众一心,乃可办贼,故以忠诚倡天下。其后又谓淮上风气劲,宜别立一军。湘勇利山径,驰骋平原非所长,且用武十年,气亦稍衰矣,故欲练淮士为湘勇之继。至是东南大定,裁湘军,进淮军,而捻匪事起。

捻匪者㉚,始于山东游民相聚,其后剽掠光、固、颍、亳、淮、徐之间,捻纸燃脂,故谓之"捻"。有众数十万,马数万,蹂躏数千里,分合不常。捻首四人,曰张总愚、任柱、牛洪、赖文光。自洪寇、苗练尝纠捻与官军战,益悉攻斗,胜保、袁甲三不能御。僧格林沁征讨数年,亦未能大创之。国藩闻僧军轻骑追贼,一日夜三百余里,曰:"此于兵法,必蹶上将军。"未几而王果战殁曹州⑪,上闻大惊,诏国藩速赴山东剿捻,节制直隶、山东、河南三省,而鸿章代为总督,廷旨日促出师。国藩上言:"楚军裁撤殆尽,今调刘松山一军及刘铭传淮勇尚不足。当更募徐州勇,以楚军之规模,开齐、兖之风气;又增募马队及黄河水师,皆非旦夕可就。直隶宜自筹防兵,分守河岸,不宜令河南之兵兼顾河北。僧格林沁尝周历五省,臣不能也。如以徐州为老营,则山东之兖、沂、曹、济,河南之归、陈,江苏之淮、徐、海,安徽之庐、凤、颍、泗⑫,此十三府州责之臣,而以其余责各督抚。汛地有专属,则军务乃渐有归宿。"又奏:"扼要驻军临淮关、周家口、济宁、徐州,为四镇。一处有急,三处往援。今贼已成流寇,若贼流而我与之俱流,必致疲于奔命。故臣坚持初议,以有定之兵,制无定之寇,重迎剿,不重尾追。"然督师年余,捻驰突如故。将士皆谓不苦战而苦奔逐,乃起张秋抵清江筑长墙⑬,凭运河御之,未成而捻窜襄、邓间⑭,因移而西,修沙河、贾鲁河⑮,开壕置守。分地甫定,而捻冲河南汛地,复突而东。时议颇咎国藩计迂阔,然亦无他术可制捻也。

山东、河南民习见僧格林沁战,皆怪国藩以督兵大臣安坐徐州,谤议盈路。国藩在军久,益慎用兵。初立驻军四镇之议,次设扼守黄运河之策。既数为言路所劾,亦自以防河无效,朝廷方起用国荃,乃奏请鸿章以江督出驻徐州,与鲁抚会办东路;国荃以鄂抚出驻襄阳,与豫抚会办西路;而自驻周家口策应之。或又劾其骄妄，于是国藩念权位不可久处，益有忧谗畏讥之心矣。匄病假数月，继请开缺，以散员留军效力；又请削封爵：皆不许。

五年冬，还任江南，而鸿章代督军。时牛洪死，张总愚窜陕西，任柱、赖文光窜湖北，自是有东西捻之号。六年，就补大学士，留治所。东捻由河南窜登、莱、青，李鸿章、刘长佑建议合四省兵力堵运河。贼复引而西，越胶、莱、河南入海州。官军阵斩任柱，赖文光走死扬州。以东捻平，加国藩云骑尉世职。西捻入陕后，为松山所败。乘坚冰渡河窜山西，入直隶，犯保定、天津。松山绕出贼前，破之于献县。诸帅勤王师大至，贼越运河窜东昌、武定。鸿章移师德州，河水盛涨，扼河以困之。国藩遣黄翼升领水师助剿，大破贼于茌平㊱。张总愚赴水死，而西捻平。凡防河之策，皆国藩本谋也。是年授武英殿大学士㊲，调直隶总督。

国藩为政务持大体，规全势。其策西事，议先清陇寇而后出关；筹滇、黔，议以蜀、湘二省为根本。皆初立一议，后数年卒如其说。自西人入中国，交涉事日繁。金陵未下，俄、美、英、法皆请以兵助，国藩婉拒之。及廷议购机轮，置船械，则力赞其成，复建议选学童习艺欧洲。每定约章，辄诏问可许不可许，国藩以为争彼我之虚仪者可许，其夺吾民生计者勿许也。既至直隶，以练兵、饬吏、治河三端为要务，次第兴革，设清讼局、礼贤馆，政教大行。

九年四月，天津民击杀法领事丰大业，毁教堂，伤教民数十人。通商大臣崇厚议严惩之，民不服。国藩方病目，诏速赴津，乃务持平保和局，杀十七人，又遣戍府县吏。国藩之初至也，津民谓必反崇厚所为，备兵以抗法。然当是时，海内初定，湘军已散遣，天津咫尺京畿，民、教相哄，此小事不足启兵端，而津民争怨之。平生故旧持高论者，日移书谯让㊳，省馆至毁所署楹帖，而国藩深维中外兵势强弱，和战利害，惟自引咎，不一辩也。丁日昌因上奏曰："自古局外议论，不谅局中艰苦，一唱百和，亦足以荧上听，挠大计。卒之事势决裂，国家受无穷之累，而局外不与其祸，反得力持清议之名，臣实痛之！"

国藩既负重谤，疾益剧，乃召鸿章治其狱，逾月事定，如初议。会两江缺出，遂调补江南，而以鸿章督直隶。江南人闻其至，焚香以迎。以乱后经籍就燹㊴，设官书局印行，校刊皆精审。礼聘名儒为书院山长，其幕府亦极一时之选，江南文化遂比隆盛时。

国藩为人威重，美须髯，目三角有棱。每对客，注视移时不语，见者竦然，退则记其优劣，无或爽者。天性好文，治之终身不厌，有家法而不囿于一师㊵。其论学兼综汉、宋，以谓先王治世之道，经纬万端，一贯之以礼。惜秦蕙田《五礼通考》阙食货㊶，乃辑补盐课、海运、钱法、河堤为六卷；又慨古礼残阙无军礼，军礼要自有专篇，如戚敬元所纪者。论者谓国藩所订营制、营规，其于军礼庶几近之。晚年颇以清静化民，俸入悉以养士。老儒宿学，群归依之。尤知人，善任使，所成就荐拔者，不可胜数。一见辄品目其材，悉当。时举先世耕读之训，教诫其家。遇将卒僚吏若子弟然，故虽严惮之，而乐为之用。居江南久，功德最盛。

同治十三年，薨于位，年六十二。百姓巷哭，绘像祀之。事闻,震悼,辍朝三日^㊷。赠太傅,谥文正,祀京师昭忠、贤良祠,各省建立专祠。子纪泽袭爵,官至侍郎,自有传;纪鸿赐举人,精算,见畴人传^㊸。

论曰:国藩事功本于学问,善以礼运。公诚之心,尤足格众。其治军行政,务求蹈实。凡规画天下事,久无不验,世皆称之,至谓汉之诸葛亮、唐之裴度、明之王守仁^㊹,殆无以过,何其盛欤!国藩又尝取古今圣哲三十三人,画像赞记,以为师资,其平生志学大端,具见于此。至功成名立,汲汲以荐举人才为己任,疆臣阃帅^㊺,几遍海内。以人事君,皆能不负所知。呜呼!中兴以来,一人而已。

(《清史稿》列传一百九十二)

【注释】

① 涤(dí):清洗,清除。

② 道光:清宣宗,名爱新觉罗·旻宁(1782—1850)。

③ "以检讨"几句:翰林院检讨,掌修国史,从七品;翰林院侍读,掌校勘,从五品;内阁学士,负责陈奏,从二品;礼部侍郎,负责重要典礼、科举考试、接待外宾等,正二品。

④ 义理之学:普遍皆宜的道理或讲求经义、探求名理的学问。《礼记·礼器》:"义理,礼之文也。"汉指经义名理。《汉书·刘歆传》:"及歆治《左氏》……由是章句义理备焉。"宋后,称讲求儒家经义、探究名理的学问为"义理之学"。

⑤ 咸丰:清文宗,名爱新觉罗·奕詝(1831—1861)。

⑥ 剀(kǎi)切:切中事理。

⑦ 绿营:清朝常备兵之一。顺治初年,清廷在统一全国过程中将收编的明军及其他汉兵,参照明军旧制,以营为基本单位进行组建,以绿旗为标志,故称绿营,又称绿旗兵。

⑧ 乾隆:清高宗,名爱新觉罗·弘历(1711—1799)。

⑨ 糜(mí)帑(tǎng):浪费、挥霍公款。

⑩ 阿桂(1717—1797):章佳氏,字广廷,号云崖,满洲正蓝旗人,后以新疆战功抬入正白旗。大学士阿克敦之子。乾隆三年(1738)授镶红旗蒙古副都统,长期戍守西北边疆。阿桂一生屡统大军,运筹决策,用兵持重,为清帝所器重,官至武英殿大学士兼军机大臣。定伊犁、讨缅甸、平定大小金川,战功赫赫,封诚谋英勇公。嘉庆二年(1797)八月病逝。卒赠太保,谥文成。

⑪ 墨绖(dié)从戎:指在守丧期间从军作战。《左传·僖公三十三年》:"遂发命,遽兴姜戎,子墨衰绖。"杜预注:"晋文公未葬,故襄公称子,以凶服从戎。"

⑫ 戚继光(1528—1588):字元敬,号南塘,晚号孟诸,卒谥武毅。山东登州人。明朝杰出军事家,在东南沿海抗击倭寇十余年,扫平了多年为虐的倭患。后又在北方抗击蒙古部族内犯十余年,保卫了北部疆域的安全。有兵书《纪效新书》十八卷,《练兵实纪》十四卷等。

⑬ 遐迩(xiá ěr):一作"退尔",远近。

⑭ 莠民猾胥(xū):乱民与狡猾的官吏。

⑮ 谤讟(dú):怨恨诽谤。

⑯ 哄(hòng)：喧闹，斗争。

⑰ 短桡(ráo)：短的船桨。桡，船桨。

⑱ 揶揄(yé yú)：戏弄侮辱。

⑲ 羽檄(xí)：古代官府用以征召或声讨的文书。

⑳ 汊(chà)：水流的分支，也指河流的分岔处。

㉑ 犄角：同"掎角"。作战时分出一部分兵力，以便牵制、夹击敌人或互相支援。

㉒ 将蹇(jiǎn)兵疲：将官和士兵都十分困苦疲惫。蹇，困苦。

㉓ 惵(dié)然：不安的样子。惵，恐惧，害怕。

㉔ 穆宗：同治皇帝，名爱新觉罗·载淳(1856—1875)。

㉕ 僭(jiàn)号：冒用帝王称号。

㉖ 俾(bǐ)：方便考察。

㉗ 禳(ráng)救：补救。禳，除去邪恶或灾异。

㉘ 粥粥如畏：谦虚谨慎之至。《礼记·儒行》："其难进而易退也，粥粥若无能也。"

㉙ 黜陟(chù zhì)：指人才的进退，官吏的升降。

㉚ 捻匪：即捻军，是太平天国时期北方的农民起义军。源于捻子(一称捻党)，捻子是民间的一个秘密组织，成员主要为农民和手工业者，早期活动于皖北淝水和涡河流域。1853年，捻子在太平天国影响下发动大规模起义。

㉛ 战殁(mò)：战死，阵亡。

㉜ "则山东之兖"几句：山东的兖州(今济宁市兖州区)、沂州(今临沂市)、曹州(今菏泽市)、济宁州(今济宁市)，河南的归德府(今商丘市)、陈州(今周口市淮阳县)，江苏的淮安府(今淮

安市)、徐州、海州(今连云港市海州区),安徽的庐州府(今合肥市)、凤阳府(今滁州市凤阳县)、颖州(今阜阳市)、泗州(今宿州市泗县)。

㉝ 张秋:张秋镇,在今山东聊城市阳谷县。清江:清江大闸,位于江苏淮安市。

㉞ 襄、邓:襄阳、邓州。今湖北襄阳市、河南邓州市。

㉟ 沙河:淮河流域沙颍河水系的一级支流,古称滍水。沙河源于伏牛山东麓石人山,流经河南省的平顶山市、漯河市、周口市,在周口市汇入沙颍河干流。贾鲁河:河南省境内除黄河以外最长、流域面积最广的河流。发源于新密市,向东北流经郑州市,至市区北郊折向东流,经中牟,入开封,过尉氏县,后至周口市入沙颍河,最后流入淮河。

㊱ 茌(chí)平:地名,在山东。

㊲ 武英殿大学士:正一品,大学士中居首,号称首辅。

㊳ 谯(qiào)让:谯,通"诮"。责备。

㊴ 熸(jiān):熄灭消失。

㊵ 囿(yòu):拘泥。

㊶ 秦蕙田(1702—1764):字树峰,号味经,江南金匮人。乾隆元年(1736)进士,授编修,累官礼部侍郎,工部、刑部尚书,两充会试正考官。治经深于《礼》,继徐乾学《读礼通考》作《五礼通考》,又有《周易象日笺》、《味经窝类稿》等。

㊷ 辍(chuò):停止。

㊸ 畴(chóu)人:古代天文历算之学,有专人执掌,父子世代相传为业,称为"畴人"。亦指精通天文历算的学者。

㊹ 裴度(765—839):唐朝名相,字中立,河东闻喜(今山西闻喜东北)人。唐代后期杰出的政治家。唐宪宗时累迁司封员外郎、中书舍人、御史中丞。他为了维护和巩固唐朝的封建统治,坚持与权奸、宦官、割据势力进行斗争,封晋国公,唐穆宗时数出镇拜相。

㊺ 阃(kǔn):门内。

曾国藩遗嘱

余通籍三十余年①，官至极品，而学业一无所成，德行一无可许，老人徒伤，不胜悚惶惭赧②。今将永别，特立四条以教汝兄弟。

一曰慎独则心安③。自修之道，莫难于养心；养心之难，又在慎独。能慎独，则内省不疚，可以对天地、质鬼神。人无一内愧之事，则天君泰然，此心常快足宽平，是人生第一自强之道，第一寻乐之方，守身之先务也。

二曰主敬则身强④。内而专静统一，外而整齐严肃，敬之工夫也；出门如见大宾，使民如承大祭，敬之气象也；修己以安百姓，笃恭而天下平，敬之效验也。聪明睿智，皆由此出。庄敬日强，安肆日偷。若人无众寡，事无大小，一一恭敬，不敢懈慢，则身体之强健，又何疑乎？

三曰求仁则人悦。凡人之生，皆得天地之理以成性，得天地之气以成形，我与民物，其大本乃同出一源。若但知私己而不知仁民爱物，是于大本一源之道已悖而失之矣。至于尊官厚禄，高居人上，则有拯民溺救民饥之责。读书学古，粗知大义，即有觉后知觉后觉之责。孔门教人，莫大于求仁，而其最初者，莫要于欲立立人、欲达达人数语。立人达人之人，人有不悦而归之者乎？

四曰习劳则神钦。人一日所着之衣所进之食，与日所行之事所用之力相称,则旁人韪之^⑤,鬼神许之,以为彼自食其力也。若农夫织妇终岁勤动,以成数石之粟,数尺之布;而富贵之家终岁逸乐,不营一业,而食必珍馐,衣必锦绣,酣豢高眠^⑥,一呼百诺,此天下最不平之事,鬼神所不许也,其能久乎?古之圣君贤相,盖无时不以勤劳自励。为一身计,则必操习技艺,磨练筋骨,困知勉行,操心危虑,而后可以增智慧而长才识。为天下计,则必己饥己溺,一夫不获,引为余辜^⑦。大禹、墨子皆极俭以奉身而极勤以救民。勤则寿,逸则夭;勤则有材而见用,逸则无劳而见弃;勤则博济斯民而神祇钦仰,逸则无补于人而神鬼不歆。

此四条为余数十年人世之得,汝兄弟记之行之,并传之于子子孙孙。则余曾家可长盛不衰,代有人才^⑧。

【注释】

① 通籍:初做官,意为在朝中已经有了名籍。杜甫《夜雨》诗:"通籍恨多病,为郎忝薄游。"

② 悚惶(sǒng huáng):惶恐不安。

③ 慎独:舍弃身体感官对外物的知觉,返回自心,谨慎内省。人们在独自活动无人监督的情况下,凭着高度自觉,按照一定的道德规范行动,而不做任何有违道德信念、做人原则之事。语出《礼记·大学》:"此谓诚于中,形于外,故君子必慎其独也。"

④ 主敬:心存庄重、敬重之意。《礼记·少仪》:"宾客主敬,祭祀主敬。"宋儒以此为律身之本。

⑤ 韪(wěi):是,对。

⑥ 酣豢高眠:喝醉了酒以后就像猪一样呼呼大睡。

⑦ "一夫"二句:只要有一个人没有吃饱,就是自己的过失。获,一种能吃的草。这里作动词用。

⑧ 曾国藩遗嘱对子孙的影响深远,曾家后裔恪遵遗言,没有一个带兵打仗的。曾纪泽在曾国藩死后才承荫出仕,从事外交;曾纪鸿一生不仕,专研数学;孙子曾广钧虽中进士,长守翰林;曾孙、玄孙辈中大都出国留学,无一涉足军界、政界,全部从事教育、科学、文化工作,不少成为著名专家学者。

《曾文正公嘉言钞》序
梁启超(1916 年)

　　曾文正者,岂惟近代,盖有史以来不一二睹之大人也已。岂惟我国,抑全世界不一二睹之大人也已。然而文正固非有超群绝伦之天才,在并时诸贤杰中称最钝拙,其所遭值事会,亦终身在拂逆之中[①]。然乃立德、立功、立言,三并不朽,所成就震古烁今[②]。而莫与京者,其一生得力在立志,自拔于流俗,而困而知,而勉而行,历百千艰阻而不挫屈;不求近效,铢积寸累,受之以虚,将之以勤,植之以刚,贞之以恒,帅之以诚,勇猛精进,坚苦卓绝。如斯而已,如斯而已!

　　孟子曰:"人皆可以为尧舜。"尧舜信否尽人皆可学焉而至,吾不敢言;若曾文正之尽人皆可学焉而至,吾所敢言也。

　　何也? 文正所受于天者,良无以异于人也。且人亦孰不欲向上? 然生当学绝道丧、人欲横流之会,龛败之习俗[③],以雷霆万钧之力,相罩相压,非甚强毅者,固不足以抗围之[④]。荀卿亦有言:"庸公驽散,则劫之以师友。"而严师畏友,又非可亟得之于末世,则夫滔滔者之日趋于下,更奚足怪! 其一二有志之士,其亦惟乞灵典册,得片言单义而持守之,以自鞭策,自夹辅,自营养,犹或可以杜防堕落而渐进于高明。古人所以得一善,则拳拳服膺而日三复,而终身诵焉也。抑先圣之所以扶世教、正人心者,四书六经亦盖备矣。然义丰词约,往往非末学所骤能领会,且亦

259

童而习焉,或以为陈言而忽不加省也。近古诸贤阐扬辅导之言,益汗牛充栋,然其义大率偏于收敛,而贫于发扬。夫人生数十寒暑,受其群之荫以获自存,则于其群岂能不思所报? 报之则必有事焉,非曰逃虚守静而即可以告无罪也明矣,于是乎不能不日与外境相接构。且既思以己之所信易天下,则行且终其身以转战于此浊世。若何而后能磨炼其身心,以自立于不败? 若何而后能遇事物泛应曲当,无所挠枉? 天下最大之学问,殆无以过此! 非有所程式而养之于素,其孰能致者?

曾文正之殁⑤,去今不过数十年,国中之习尚事势,皆不甚相远。而文正以朴拙之姿,起家寒素,饱经患难,丁人心陷溺之极运,终其生于挫折讥妒之林,惟恃一己之心力,不吐不茹⑥,不靡不回,卒乃变举世之风气,而挽一时之浩劫。彼其所言,字字皆得之阅历而切于实际,故其亲切有味,资吾侪当前之受用者⑦,非唐宋以后儒先之言所能逮也。

孟子曰:"闻伯夷之风者⑧,懦夫有立志。"又曰:"奋乎百世之上,百世之下闻者莫不兴起。"况相去仅一世,遗泽未斩,模楷在望者耶? 则兹编也,其真全国人之布帛菽粟而斯须不可去身者也。

【注释】

① 拂(fú)逆:违背,违反。

② 震古烁(shuò)今:震动古人,显耀当世。形容事业或功绩伟大。

③ 窳(yǔ)败:衰败,萎靡。

④ 圉(yǔ):阻止。

⑤ 殁:死亡。

⑥ 不吐不茹(rú):形容正直不阿,不欺软怕硬。

⑦ 吾侪(chái):我辈,我们这类人。

⑧ 伯夷:生卒年不详。商末孤竹国(今河北卢龙西一带)人,商纣王末期孤竹国君主的长子,弟叔齐。孤竹君欲以次子叔齐为继承人,及父死,叔齐让位于伯夷。伯夷以为违背父命,遂逃之,而叔齐亦不肯立,亦逃之。周武王讨伐纣王,伯夷和叔齐不满武王身为藩属讨伐君主,加上自己世为商臣,力谏,武王不听,不久周灭商。伯夷、叔齐耻食周朝的粮食,便去首阳山隐居,靠采薇来维持生活,后来饿死。